上海租界问题

夏晉麟 編著

民國滬上初版書·復制版

上海租界問題

夏晉麟 著

SJPC
上海三聯書店

图书在版编目(CIP)数据
上海租界问题 / 夏晋麟编著. ——上海:上海三联书店,2014.3
(民国沪上初版书·复制版)
ISBN 978-7-5426-4674-3
Ⅰ.①上… Ⅱ.①夏… Ⅲ.①租借—地方史—上海市 Ⅳ.①D829.12②K295.1
中国版本图书馆 CIP 数据核字(2014)第 047670 号

上海租界问题
编 著 者 / 夏晋麟
责任编辑 / 陈启甸 王倩怡
封面设计 / 清风
策　　划 / 赵炬
执　　行 / 取映文化
加工整理 / 嘎拉 江岩 牵牛 莉娜
监　　制 / 吴昊
责任校对 / 笑然
出版发行 / 上海三联书店
(201199)中国上海市闵行区都市路 4855 号 2 座 10 楼
网　　址 / http://www.sjpc1932.com
邮购电话 / 021-24175971
印刷装订 / 常熟市人民印刷厂

版　　次 / 2014 年 3 月第 1 版
印　　次 / 2014 年 3 月第 1 次印刷
开　　本 / 650×900　1/16
字　　数 / 120 千字
印　　张 / 10
书　　号 / ISBN 978-7-5426-4674-3/K·267
定　　价 / 60.00 元

民国沪上初版书·复制版

出版人的话

如今的沪上，也只有上海三联书店还会使人联想起民国时期的沪上出版。因为那时活跃在沪上的新知书店、生活书店和读书出版社，以至后来结合成为的三联书店，始终是中国进步出版的代表。我们有责任将那时沪上的出版做些梳理，使曾经推动和影响了那个时代中国文化的书籍拂尘再现。出版“民国沪上初版书·复制版”，便是其中的实践。

民国的“初版书”或称“初版本”，体现了民国时期中国新文化的兴起与前行的创作倾向，表现了出版者选题的与时俱进。

民国的某一时段出现了春秋战国以后的又一次百家争鸣的盛况，这使得社会的各种思想、思潮、主义、主张、学科、学术等等得以充分地著书立说并传播。那时的许多初版书是中国现代学科和学术的开山之作，乃至今天仍是中国学科和学术发展的基本命题。重温那一时期的初版书，对应现时相关的研究与探讨，真是会有许多联想和启示。再现初版书的意义在于温故而知新。

初版之后的重版、再版、修订版等等，尽管会使作品的内容及形式趋于完善，但却不是原创的初始形态，再受到社会变动施加的某些影响，多少会有别于最初的表达。这也是选定初版书的原因。

民国版的图书大多为纸皮书，精装（洋装）书不多，而且初版的印量不大，一般在两三千册之间，加之那时印制技术和纸张条件的局限，几十年过来，得以留存下来的有不少成为了善本甚或孤本，能保存完好无损的就更稀缺了。因而在编制这套书时，只能依据辗转找到的初版书复制，尽可能保持初版时的面貌。对于原书的破损和字迹不清之处，尽可能加以技术修复，使之达到不影响阅读的效果。还需说明的是，复制出版的效果，必然会受所用底本的情形所限，不易达到现今书籍制作的某些水准。

民国时期初版的各种图书大约十余万种，并且以沪上最为集中。文化的创作与出版是一个不断筛选、淘汰、积累的过程，我们将尽力使那时初版的精品佳作得以重现。

我们将严格依照《著作权法》的规则，妥善处理出版的相关事务。

感谢上海图书馆和版本收藏者提供了珍贵的版本文献，使"民国沪上初版书·复制版"得以与公众见面。

相信民国初版书的复制出版，不仅可以满足社会阅读与研究的需要，还可以使民国初版书的内容与形态得以更持久地留存。

2014 年 1 月 1 日

上海租界问题

上海租界問題目錄

上海租界問題

夏晉麟著

第一章　外人租界之起源與早年之土地章程

英人出兵長江　當鴉片戰爭前後，英政府之對華政策，可於一八四一年五月卅一日白莫斯敦(*Lord Palmerston*)致卜定塔(*Sir Henry Pottinger*)之訓令書中探得之。其中對於一八四二年夏英兵北上及攻陷淞滬等城鎮，英政府所持之理由，言之甚詳，節錄如下；

『汝(指卜定塔)若於廣州附近與華方交涉，殊爲失計；蓋與北京相去過遠，華方得以藉辭遷延，甚爲不便，且華方代表，遠來廣州，難免不爲環境空氣所包圍，而予英政府以不滿意之結果，舟山附近或白河口，當較相宜，汝可斟酌情形，選擇其一。英政府之意，以爲在白河口開議，較爲便利；該處地近北京，當能進行無阻，而早得了結。設竟在該處開議，宜與海軍司令同行，並宜斟酌時令，及其他情形，隨帶相當軍力，以爲之助。然而此節現在不甚緊要，蓋華方已飽嘗我英兵力矣。若在舟山附近舉行，則華方全權代表，能充量感覺大英之威權，但以與北京相去亦遠，或致無謂之遷延，此項遷延，我方甚欲避免之。……』

吳淞砲台陷後，英兵向上海水陸並進，上海遂亦入英兵之手。英兵佔据時，曾派一部海軍沿江而上，察看形勢，直至蘇州附近爲止。同時英海軍司令派克 (*Admiral Parker*) 與其隨員且往松江一行，此事與後來卜定堦要求開放上海爲五通商口岸之一，當甚有關。英兵佔有上海，爲時僅一星期，於七月廿三日卽退出，溯長江而上，在運河與長江交接處砲轟鎮江後，再行前進，於一八四二年八月九日攻陷南京。於是華人迫於兵威，急於求和，然而英兵之溯長江而進，蓋依卜莫斯敦之訓令而行，卜氏之軍略，遂可謂大告成功。

『汝若於廣州附近與華方交涉，殊爲失計，蓋與北京相去過遠，華方得以藉辭遷延甚爲不便，舟州附近或白河口，當較相宜。』若在舟山附近舉行，則華方全權代表，能充量目睹大英之兵力。』

首先條約　當時北京委派滿人伊立甫 (*Iliper*) 及基英(*Ki-Ying*) 爲議和大臣，而英國全權代表卜定堦氏亦由香港北上，在南京開議，至一八四二年八月廿九日中英間第一條約所謂南京和約者，遂在卜氏之坐艦上（名康華利斯 *Corn wallis*）正式簽字。該約含有緊要之條件甚多，嗣後八十年中，泰西各國與中國商訂條約，莫不以該約爲基礎。本書所最注重者，厥爲該約之第二條；

『中國皇帝，特許大英臣民及其眷屬，有在廣州，廈門，福州，甯波，上海，居住及營商之權，中國官民，不得加以驚擾或限制。』

吾人若將該約與白莫斯敦之訓令相並而讀，加以研究，則其意義，尤爲明晰。白氏之訓令云；

『第三要點，厥爲推廣吾人對華之商務，務使華方允許大英商民有在中國從廈門以北，東海岸各緊要口岸營商之權，四五處口岸，或足應用。惟必須實行開放，則有一二端，不得不加以注意；如或英商在此等口岸，有置產居住之權，並於每口岸設置英領一員，以爲英商與華官交接機關。或將中國東岸海島一處，讓與英國，並許該島英國商民有與中國本部通商之自由。』

由是可知開放通商口岸，原爲英政府對華政策之一，而卜氏之要求，蓋遵奉其上峯之訓令而已。約既簽定，白氏乃催促北京政府批准，批准之後，遂於一八四三年六月間，由大臣基英送至香港。

英國對華之勝利，遂啓歐美各國分羹之漸，於是美國派古興(Hon. Calel Cushing)爲特使全權代表，與中國代表基英商訂通商條約，而望廈條約(Treaty of Wang-hsi)。遂於一八四四年七月三日簽字。法國派賴格林厄(Monsieur Théodore M. M. J. de Lagrené) 至華，於一八四四年十月廿四日在黃埔簽訂通商條約皆於五口岸有通商之權。

一八四三年上海開爲商埠，卜氏委派巴爾福將軍(General Sir George Balfour) 爲英國駐滬第一任領事，巴氏由廣州首途，於一八四三年十一月八日抵滬，次日偕其隨員麥特赫斯特(Mr W. H. Medhurst)，海爾(Dr. Hale)，施堵清(Mr. A. F. Strachan)等拜會道台龔慕容氏(Taotai Kung Moo-Yun)，龔氏亦如儀回拜於巴氏之坐艦(名Medusa)中。維時以爲住屋問題，必難解決，蓋以華人非得上官許可，不敢租賃房屋與「洋鬼」居住云云，究其實際，殊不爾爾，蓋巴氏拜會龔氏之後，卽有人願將大廈一所租與巴氏爲領署，當時議定，每年租金四百元，該宅坐落城內，爲英領署者，先後凡六年，直至一八四九年七月廿一日始遷入現址，即當時之李家莊。巴氏設立領署之正式佈告，於一八四三年十一月十四日披露；略謂『本領事現已暫時賃定上海城內東西門之間近城牆處之大廈一所，為領署，凡我商民，務使週知……』云云。又謂『上海將於本月十七日正式開為商埠，所有條約規定各款，均於該日發生效力……』

上海既正式開為商埠，自應厘定商埠界限及船舶拋錨之所，當時劃定之商埠界限甚大，計自吳淞對面，黃浦右岸舊砲台劃一直線至寶山角起，直至上海縣城為止，包括上海至吳淞口黃浦江之全段。船舶拋錨所，最長處有二千九百英尺，寬在一千七百英尺以上。

租界之起源　廣州以洋人雜居城內為最重大問題，而上海則否，當時洋商及傳教之士皆於城內賃屋而居，華人既不摒拒洋商於城牆之外，而洋商亦不強留於城牆之內，日與腐景臭氣相周旋，因而藉經英領署間接取得允許，自動在城外購地建築。現在上海洋人，似乎皆有成見，以為當時中英訂約，曾規定租界及其面積範圍，斯乃誤解早年條約，在當時白莫斯敦卜定堦及基英等心目中並無設一租界，完全為外人居住，為外人自治區域，而卜芳濟博士謂卜定堦未與中國訂定租界之地點為疏忽，乃不悉事實之論也。蓋彼時白卜諸人，所望者但得中國允許大英商民在此等口岸有居住營商之權，於願已足，至於如何居住，如何營商，皆未遑計及，則英商在滬，究應購地、或租地、建築房屋或另居，或與華人雜處等，細小問題，當然不在討論之列。由是可知，上海開為商埠後之二年中，並無所謂租界者，確在情理之中，彼時洋人隨寓而安，固不問其寓所在城內或城外也。

租界之最先界限　一八四五年十一月廿九日，英領巴氏，始與滬海道簽定租界之最先界限，計與巴氏抵滬之日，相隔已兩載有餘。當時簽定之界限，北為現今之北京路，南為洋涇浜，東為黃浦江，西界則未固定，界內准許英商自由與業主商議購地，作營業上之建築，劃出之地，僅為洋商居留之用，並非為外人設立政府或工部局之所。劃定居留地界之惟一宗旨，蓋允外商在地界內，可以購地建築居所，此外並無與英商以他種利權。劃出居留地後之二三年中，英國長官，英商，其他各外商，中國官府，英國政府，並其他各外國政府，對於租界之態度如何，為時過久，現在不能追想而知，即知亦無甚關係。

一八四五年之土地章程　開放商港二年之後，上海當道始有立法之舉，經道台龔慕容與英領，作長時期之討論，乃於一八四五年訂定土地章程，斯乃真正土地章程，蓋所規定者，不外土地保有權租金等問題，並無其他作用存乎其間，不料遂成以後租界立法之張本，與原訂者之本意大相逕庭。

土地章程第十四條規定，『凡英商抵滬，須先向英領署請求，然後乃得租地或建築房屋。第廿三條規定，『關於破壞土地章程案件，必須經英領逐案審查破壞之緣由幷決定應否予以處罰，若破壞查有確據時，英領自能審判，並予破壞者以相當處罰，與處置破壞條約者相同。』此項規定，大與外人有利，遂使其他條約國效尤，接踵要求開闢租界。

一八四九年法租界之設立　法國駐滬第一任領事孟悌尼，(Mr. Montigny)與林道台商得同意，於一八四九年四月六日簽定條約，正式設立法租界，南界城河浜，北界洋涇浜，西界武聖廟周家橋，東界黃浦江由廣東會館起至洋涇浜爲止。嗣後以防守叛賊爲由逐漸侵佔，竟將小東門沿城之地西至防守浜，全行圈入，約佔面積二百英畝，且法租界竟不謂之法租界，而謂之法讓與地，誠不知何所云而然。

一八五四年美租界之設立　美國駐滬第一任領事，於一八五四年二月抵滬，遂即設領署於蘇州河北虹口之地，維時該處已設有美國美以美會教堂，因之虹口遂謬認爲美租界。惟界線尚未劃定，當時美人亦自覺所處地點不適宜，故有一時，美領署遷於英租界之內。

工部局土地新章程之起源一八五四年　上海自與英人通商後，其他歐美商民，接踵而至，各國領館，亦次第設立，國籍既繁，形勢大變，一八四五年訂定之土地章程，幾成贅柄，不得不另立新章，以應潮流，於是乃有設立工部局以資統轄之議，而工部局新土地章程遂於一八五四年產生。蓋各國商民，既入商於滬，英商勢不能獨据英租界為彼所專有，而一八四五年之土地章程，遂有修改之必要，雖當時英政府之主見不得而知，而英領巴氏則直視租界為彼邦所專有，不欲他人染指，此專有主義，大為美商所不滿，中國官府又從而贊助美人主張，暗潮甚烈。迨一八四九年十二月，葛士和 (*Mr. John Alsop griswold*) 繼華爾各 (*Mr. Wolcott*) 為美國駐滬領事時，益努力進行，謀直接與中國道台商議土地事宜，置第十四條之規定與英領署於不問之列，直至一八五三年三月，斯事始告一段落。蓋是年美國駐滬代理領事克甯罕 (*Mr. E. Cunningham*) 與道台商得相當諒解後，乃於字林週報上刊登通告一則，略謂『美商此後購買土地，可向美領署進行，其他外國當道不得干涉。』通告出後，愛爾克 (*Alcook*) 及克甯罕，均覺從前土地章程，無復存在之可能，而愛氏致克氏函中，亦自承英國無此專權，略謂，『本人不敢謂任何單獨國家，有權將大片居留地据爲己所專有，或對於其他外國商民購置未曾佔據之土地時加以否認。惟覺若欲各國僑民，共處一隅，各營各業，相安無事，必須中國當道發佈一種法章，俾衆得以遵循。今觀君意，正與本人相同……』等語，同時英美全權代表，亦似有同樣之討論。

管理租界道路碼頭人員，於其工作上，亦感覺若干困難，因第廿一條所規定『凡非英籍人民住居於租界內者，亦應一律如英國人民遵守土地章程，』無從施行，蓋缺乏合作精神之故也，是則廢舊章而另立新章，乃爲時勢所需，刻不容緩者也。

一八五三年七首會匪佔据上海及其對於租界之影響　一八五一年髮逆在廣州起事，厥後匪勢逐漸北張，同時又有所謂七首會者，爲三合會之一枝，分道揚鑣，攻陷廈門，一八五三年，有七首會一小股北來，以計取得上海，道台且爲匪所執，拘囚城內，後爲租界洋商設法救出。維時洋商嚴守中立，是匪是兵，一視同仁；因之營業殊爲不惡。及後清兵及匪兵雙方皆以洋商地位居中，諸多不便，蓋斯時匪兵在城內，而清兵則在蘇州河畔，以作戰關係，未能長此尊重洋商之中立，而不加以侵犯，洋商亦自知危機已迫，不得不作防禦工程，於是於一八五三年四月十二日，召集租界居留民衆會議，英法美三國領事及海軍官員亦均列席，當時議決組織義勇隊，保守武裝中立，是爲上海義勇隊之起源，與以後公共租界之防禦以莫大之關係。

泥地戰爭　新組之義勇隊，未幾卽與淸兵大起衝突，蓋有若干之淸兵，駐紮於跑馬場之附近，爲城內匪兵之目標，殊與洋商之安全有關，英領愛爾克氏，乃於一八五四年四月四日，向該處淸兵下哀的美敦書一道，令其於當日四時前撤往城南，否則以砲火相饗，新聞淸兵領將蒯（General Kieh）將軍，接受哀的美敦書後，當卽答覆，要求愛氏展限，並勿施以攻擊，愛氏以淸兵無誠意撤退，當卽決定實施其恐嚇手段，調遣義勇隊三百八十名，前往攻擊，而淸兵無甚抵抗，實因當時砲聲一轟，城內匪兵，卽出與洋商義勇隊合作，共擊淸兵，且其數逐漸增多，淸兵見之，不寒而慄，乃拔寨而逃。

此一小隊義勇隊，雖有奮勇之精神，一直往前，與多數之淸兵相搏，然使淸兵敗逃之主要原因，乃係匪兵突然出現於戰場，此枝匪兵，究係自動出而助戰，抑係請而後至，殊難確定。（見卜芳濟氏之上海歷史第卅頁）

此即世所傳述之泥地戰爭，其結果適如洋商所期，蓋清兵悉數退往上海縣城以南，而租界之西陲，遂無兵士之騷擾。然上海縣城，仍為七首會匪所據，清兵如欲克復縣城，非租界方面先斷絕匪寇之供應不可。當時法國海軍司令雷格利氏（*Admiral Laguerre*）首先決定協助清兵，於是清兵自現今之法租界黃浦灘起，至河南路端洋涇浜橋為止，築牆一道，斷絕城內與租界之交通，交通斷絕後，叛匪之物料不繼，困苦不堪，乃於一八五四年二月十七日退出縣城，其退出之疾，正如其攻入之速，計縣城為匪佔據先後凡十七閱月。

租界所受之影響　斯役也，租界所受之影響殊大，貿易清淡，是其大端，蓋人以時局不定，類皆裹足，不敢採辦貨物，進口如棉布疋頭等貨，皆不得銷售，堆積棧中，然而進口貨中惟鴉片反於此時暢銷，而出口貨如絲茶等，亦見激增。

一八五四年之土地章程　叛匪之亂，與租界以最重要之影響，厥為改訂一八四五年之土地章程，蓋當紛亂之際，中國政府自無餘力與租界外僑以相當之保護，而租界外僑為自衛計，勢不能不組織一稍有系統，略如政府之機關，以資統馭，方克有濟。職是之故，英領愛爾克氏，美領慕裴氏，(*R. Murphy*)法領伊丹氏，(*B. Edan*) 開始合議，并製定土地新章程，該章程後經道台批准，並曾經三領事於一八五四年七月十一日，召集租界內租有土地之洋商，共同會議，議決施行。該新章程成立後，從前設置之租界道路碼頭董事會，卽行解散，另設租界工部局董事會，於是散漫無系統之英法美三租界，一時乃合而爲一，置於工部局統治之下。

工部局產生之原因固多，而其中有一原因，最堪玩味，特摘錄之，據一上海通誌云，『當叛匪擾亂之時，租界僑民，對於界內治安及保護問題意見分歧，莫衷一是，如一八五四年秋，英美法三國領事，皆主張斷絕叛匪之供給，法海軍司令雷格利，亦贊成三領主張，且整備派遣水兵登岸，任護華租交界處土牆之責，不意英海軍司令史悌琳氏。(Admiral Sir-ling) 不與同意，且與英領態度絕對相反，而美海軍官員之態度，亦與英海軍司令相同。迨是年終，美公使麥雷音氏 (Mr. McLane) 抵滬，勸誘英美海軍與法國海軍合作，防守土牆，而史氏之所以不肯贊同者，蓋云英國對於中國內亂，持中立政策，彼訓誡兵士對於外國人民不得有戰鬥行爲，彼謂保護租界內人民之治安，乃中國政府之專責，及界內人民之己任，與彼固無與也。彼堅持界內應有工部局，由工部局請求派兵登岸，方爲合法，否則恐有干涉他邦內亂之嫌」云云。史者遂謂上海租界工部局因此而產生。

史氏謂上海租界內，若有一工部局，經該局之請求卽爲合法，可派英國海軍兵士保護，雖蒙干涉中國內亂之嫌，亦所必爲，似殊不當。

新工部局成立之後，於一八五四年七月十七日開第一次會議，議案卽爲該局產生之由之租界治安問題，謂是時中國政局紛亂，時局緊張，爲界內人民之安全及秩序計，岸上及水面，皆須備有武裝兵士之必要，故工部局正式請求英法美三國海軍，派遣水兵登岸，防守租界西陲，三國乃如請派兵，藍甯所著上海史中，謂華人之默認工部局，卽以該局有請求外國海軍，派兵登岸，保護租界僑民之權。(見*Lanning's History of Shanghai* 第三百廿頁)

讀藍甯氏之語，可知工部局初設之時，華方曾表示若干程度之反對，反對者係華官，反係華民，惟書中均未言明，亦未言及反對之理由，是以無從詳知，總之，無論當時華方之抑對程度若何，終被界內僑民方面之兵威所懾，可勿容疑。

一八五四年工部局土地新章程之撮要　土地新章程中，有多款係重抄舊章，惟規定凡僑民欲購買土地，須先向本國領署請示，若無領署者，可向任何友邦領署請示，此舊土地章程中英美之專有政策，已放棄無遺矣。

新章第十條殊爲重要，其規定如下；

『爲欲圖租界內一切公共事業進行便利起見，如修造馬路，碼頭，淸潔，衞生，安路燈，裝設界內陰溝，設置巡警諸大端，英法美三國領事應於每年年初，召集界內租地人，開一全體會議，商決籌款辦法，以應上項工程之需。在此大會中，租地人得有權衡，估定界內地產房屋之價値，以便酌定稅率，並訂定在界內各處起卸各貨之碼頭捐，且公舉董事三數人，專司徵收稅捐，并任款項開支分配之責，如遇抗稅或抗捐等情，董事並得向抗納者之國籍領署控追。』

於是租界內新立之工部局，遂得有任何政府之最高法權，——即徵稅，設警，——惟工部局此項法權，及該局本身地位之是否合法，在該局成立後之數年中，曾屢經責難，成爲疑問。

新章程中有一特點，即明確承認租界內中國之土地主權是也。租界業主，每年應向中國政府繳納地稅，且界內地產過戶，道契須經中國當道蓋章，始生效力。惟界內地產或房屋之售與或租與華人，是否合法，而新章內并未言明。

第二章　髮匪之亂與近年土地章程

一八六〇年至一八六四年髮匪亂中之上海　乜首匪退出上海之後，數年中清平無事，租界商業，日漸興隆，然爲時未久，而髮匪之亂又至。先是髮匪首領洪秀全，於一八五〇年聚衆在廣西起事，豎旗反清，嗣後匪勢日漸向北澎漲，於一八五三年三月十九日攻陷南京，遂奄有江南，於是帝都南京，稱爲太平天國，至一八六〇年六月，匪又攻陷蘇州，上海居民，大起恐慌，以爲租界乃富庶之區，必爲匪衆注目，匪既攻陷蘇州，勢必前來攻取上海。

上海之防守　當時上海華官，因欲保守上海不爲髮匪所陷，甚欲得僑商一臂之助，道台與僑民磋商，使聚集上海準備北上與中國政府爲難之外兵，轉而攻打髮匪，對於斯事，卜芳濟於其上海史中，曾有譏語，謂當時中國北方與外國立於交戰狀態，而南方反與外人謀合作，此等矛盾，非特不能博外人之同情，適足以彰當時華人殊乏愛國之觀念。

租界內之義勇隊　以刀匪去後，太平無事，久不理治，形同無有，現在欲謀防守，不得不重理舊章，故於一八六〇年重新組織，而吳道台要求共同防守上海，亦經法公使包博隆(*N. de Bourbonlon*)及英公使布魯斯(*Sir Frederick Bruce*)之允諾。及至一八六〇年八月十八日，髮匪果率隊來攻，斯時城廂各處，早已佈滿英法水兵，印兵，及義勇隊，防守甚嚴，一見髮匪前來，卽向之開火，同時軍艦一艘名北安利(*Pioneer*)溯江而上，砲轟其側，砲艦一艘名明羅得(*minrod*)，又在浦江中開砲，向之轟擊，賊衆三面受敵，損失甚大，不能支持，遂卽退走。是役也，雖爲時甚暫，而人民已飽受驚慌，當刀匪襲取上海時，華民皆向租界逃避，此次髮匪之來，華民仍向租界逃難，而其人數，則視刀匪時爲尤夥，卜芳濟君對於此事，曾云：

『無論官商，無論貧富，莫不以租界爲安樂窩，皆趨之若狂。舉凡租界內可以棲止之所，皆被逃難之輩，佔居盡淨，卽界內之黃浦江及其他小浜，亦爲各色舟隻佔滿，城內人民，逃遁一空，其後至而租界不能容留者，則逃往浦東各處，計過江一次，每隻舢板，普通索取渡資大洋廿元，界內華人，一躍而增至三十萬之多，人口旣繁，物價昂貴，生活程度，增高甚速，地價亦騰漲不已，每一英畝，向値英金四十六磅至七十四磅

者，竟漲至每畝八千磅至一萬二千磅。』(見卜氏上海史第五十頁)

髮匪來攻上海，前後凡三次；第一次已如上文所述。其第二次，則在一八六二年一月十一日，匪衆約三萬人，其中並有外人二百，爲匪僱用，從吳淞方面向上海進攻，維時適當大雪之餘，地上積雪，深者有三英尺，濘滑難行，租界守兵，遂得從容佈置防務，迨是年二月廿四日，英法水兵偕同清兵，在浦東方面與匪衆交綏於淞滬之間，而擊敗之。第三次來攻，則在是年之夏，蓋匪首恭王，屢經敗績，心實不甘，重集匪衆捲土重來，竟達靜安寺，與租界之西陲防守浜，相去僅二英里，斯時華民逃難益衆，界內居民，一時竟增至五十萬。(見卜氏上海史第五十六頁)

一八六二年法租界工部局之刱始　當洪楊之亂，及亂後數年中，上海租界內，工部局事業進行甚速，先是賴迴尼氏與其家屬、隨員、副官、並法海軍司令史錫理(*Admiral Ceeille*)等，於一八四五年十一月間抵滬，其時蓋在英領巴氏抵滬之後二年，賴氏到華之後，不久法領孟氏亦到，當卽覓定華人房屋，加以改造，以爲法領署，是在一八四九年，其時法人在滬尙未有所謂讓與地，而法領竟謂該處業已讓與法國，爲法商居住營商之所，其他商民，非先得法領之許可，不得存留其處。當一八五四年，英法美三國領事會議，制定土地新章程，以代以前英領及其通事與蘇道台合訂之舊土地章程，斯時僉以為上海各租界有一個工部局，統治其事，已堪應付，當不至再有其他枝節發生，不意髮亂之時，租界當道之意見，卽生間隔，法國當局之意，以為英海軍司令不允共同防守法界地段，認為破壞新土地章程，遂廢棄之。蓋一八五四年之新土地章程，雖經法領簽字，而始終未經法政府批准，故法當局乃於一八六二年五月十三號在所謂法讓與地內，組織法租界工部局，該局與英租界工部局相異之點，卽凡該局議決之案，法領有贊同或否認之權。

法界當道，對於其他租界，常持間隔緘默態度，此乃由於缺乏同情。蓋法人之行徑，異於英美人之行徑，且法人之政治觀念，亦大異於英美人之政治觀念，故當時雖有人極端主持單獨工部局統轄全滬租界外商，而英使佈氏及其他外商，且以為法界另設工部局以治理法商，乃為其他外商之禍。（見柯領氏之上海史 *Conling's History of Shanghai* 第八十二頁）

美租界在虹口，地居蘇州河之北，有美國美以美會教堂，耶松船廠，若干碼頭，及水兵娛樂所，惟其地位偏僻，遂爲莠民之逋逃藪，凡爲英界巡警所驅逐之流氓，皆聚於此，髮亂之際，又有大批難民逃入，美界當局，遂覺難以應付，羅素（*Russell*）公司之柯能海氏，*Mr. Edward Cunningham*）及美領熙華德氏，（*Mr. George F. Seward*）乃與英界當道商請合組工部局，遂於一八六三年九月廿一日正式合併，自茲以往，洋涇浜以北，皆稱爲公共租界，今卽所稱之上海公共租界。

改上海爲自治區之提議　關於斯事，柯林之上海史云：

『上海史中最緊要之事蹟，非泥地戰爭，亦非工部局之創設，乃係取銷華人不得在租界內置產建屋之限制，蓋以數百洋商，聚居租界，而求自治，雖有領事之節制，道台之阻礙，終非甚難，若欲兼治數萬道台仍有權管轄之華民，則爲另一問題，非特租界之性質完全變更，卽治權上必要之要素，亦須變更矣。（見柯林氏之上海史第九十四頁）

華人既開始遷入租界居住，外人遂籌畫應付方法，輿論以爲租界若僅由外兵防守，則中國政府對於租界主權，幾將喪失盡淨。故界內僑民，於一八六二年十一月，召集特別會議，商議改良治理並籌抵制我華人流入租界之策，務使居民（指外僑）之各種利權，不爲華人所侵害。會議未開之先，僑民輿論紛紜，莫衷一是，新聞記者，又於日報上紛紛發表意見謂：『華方無力履行條約義務，又不能與租界以相當之保護，對於無條約國僑商，又不能毅然固持有主人利權，華人治己已慮不能勝任，更何堪兼治外人，況外國艦隊外國軍隊，已將租界變成外國矣，是則中國皇帝，對於租界主權，實際上已行放棄也』等語，妄謬已極，然妄謬其更甚於此者，卽將上海改爲自治區之說，是說出於防守董事，曾將該項計畫用書面向工部局陳述，其言曰：

『改上海爲自治區，爲甚洽輿情之計畫，卽將該區域置於與該地有密切關係之四大強國保衛之下，而許其人民自由選舉執政人員，凡界內業主，無論華洋，皆有投票選舉之權，如此可得一強有力之自治政府，其疆域，應包括上海縣城全部，及城厢各處，並各該處四周附近之土地，以每歲征收，理治區政，久而久之，將來或成爲大清帝國之首要城市，亦未可知也。』

換言之，卽上海租界工部局，竟欲將公共租界及附近區域，變爲一小規模之民主獨立國，而與中國完全脫離政治關係也。當時英領麥特赫斯特 (*Mr. W. H. Medhurst*) 雖有持平之論，謂此種舉動，顯係破壞條約，蓋土地屬諸中國政府，僅許外商之居留該地者受其各本國領事之節制，而中國人民，雖與外商雜處，固依然在中國政府統轄之下也。

一八六二年大會開議時，工部局提出困難之點甚多，要求大會議籌補救之策，如修改土地章程，予工部局以徵收照會捐及他種稅捐之權，設一立法機關，制訂普通法律，俾衆遵循，並改工部局爲代議制獨立政府，俾可完全自治，不必再向北京公使團請示，是其犖犖大者。當時英領麥氏，曾以書文呈報北京英使請示，迨英使佈氏之復文到滬，工部局即召集界內租地人臨時會議，當衆宣讀討論，無結果而散。是項書文，饒有歷史上之價值，蓋佈氏之言，足以明確租界之法定地位，史家柯琳氏，且作下列之評語：

『佈氏之言，有歷史上之價值，明晰無遺，儼如學堂教習，開導頑童，又如銀行經理，否認僱員加薪之要求。』（見柯氏上海史第九十九頁）

英使佈氏言論之要點，選錄於下：

『對於外國租界之地位，誤會特甚，上海英租界之地權，中國政府並未過戶或租與英國政府，條約之規定，僅許英國臣民，在此等地段可以購置產業，庶能羣居，所購置之產業，仍是中國土地，依然有向中國政府繳納地稅之義務。界內之裁判權，論理應由中國政府執行，而所以不然者，良以中國情形不同，非由界內英人自治，不足以求英國商務之安全耳，須知中國政府，並未正式放棄其治理本國國民之權，英國政府，亦並未表示願任保護華民之責，根本錯誤之制度，而欲英國政府加以允諾，究有何益，非吾所知，可斷言者，此制度一行，必有無限之艱難責任，追蹤而至，況中國政府必不願加以承認耶。英國在華，除求一席地爲英之商務建設外，別無他圖，華人入界居住，將租界變爲華村，而加界內外商以不便，無論至何程度，吾知英國政府，必不受愚，而允伸張其裁判權於多數華民之上。外兵防守上海，使不入匪衆之手，乃係權變，不能作爲干涉華民與其政府自然關係之動機，是以吾人宜加倍注意，凡在國際公法上無根據之動作，萬不可冒險嘗試。』

一八六三年佈氏又作同樣之訓令，謂『條約並未予吾人以從中干預中國政府與其國民之權，英國租界神聖之語，殊屬無謂，非經華官之許可，吾人並無權利強迫界內華人納稅，以供租界事業之需求。』佈氏蓋以爲租界工部局制度，根本錯誤，巡警華民之事，由華人自理當更妥善，而界內新設各項治理機關，微特虛耗，抑且近於壓迫，駐北京美使柏令根氏之意見，與佈氏同出一致，略謂：『本人對於任何計謀，凡不遵重中國之獨立及其土地人民之主權者，皆無權能加以贊同。』

一八六九年之土地章程　改上海爲自治區之計畫既歸泡影，不得不就原有體制，以圖進行，於是乃有修改土地章程，要求條約國公使批准，作爲法律宣佈之舉，而工部局所以爲不可少之權限，即於新章程中規定之，一八五四年之土地章程，遂於一八六六年經界內租地人商諸條約國駐滬領事加以修改。惟事前並未向駐北京條約國公使請示，嗣後英使佈氏覆諭，謂條約國公使業已商定各點，爲地方權限乃由條約國公使向中國皇帝取得，完全爲處置地方公共事業之用，中國人民，除在僑商爲僕役者外，仍在中國政府統轄之下，領事祇能管轄其國籍僑民，故租界工部局應有華方一份子參加在內，佈氏亦承認應有租界一處，以保外人在華之利益，俾不至於分散，自此之後，忽忽三年，並無動靜，而佈氏亦已返英，公使遺缺，由愛爾確氏繼任。一八六六年十二月。工部局會議，曾上條陳，謂欲免除租界之怪異形狀，急須籌劃一有系統之行政制度，而工部局本身之法定地位，亦應迅行決定，雖然如此，直至一八六九年九月，駐京條約國公使，始勉強商有結局，聯名發佈法租界條規及公共租界土地章程，作爲臨時應急之需，以靜候各關係國政府之表示。公使新批准之新章程，一如上海租界所擬，惟删去華人參加工部局政府之條。該新土地章程，於一八七〇年一月，經英國政府正式承認，許可施行。

此項新土地章程有一最堪令人注意之點，即自租地人起草爲始，直至駐京公使批准發佈爲止，其間雖未一度與華方當道有何相當之諒解，一八四五年及一八五四年之土地章程，皆曾經華方道台承諾，一八六九年之土地章程則否，且不僅當時未曾探求華方之意向，即事後亦未請求華方追認，連當時曾否有正式公文與道台告知其事？亦成疑問。

一八九八年第四次最後修訂之土地章程　據傳一八六九年之土地章程，施行未久，又覺不合時宜，仍有修改之必要，當一八七二年時，已嘖有煩言，謂新章程過於板刻，無伸縮之餘地，嗣後每年大會，又多指摘，謂新章命辭含糊，解法多端，未易探其眞詮，迨一八七三年開納稅人大會，即派定修改章程委員會，以便與條約國領事團共同商酌進行，然而會雖成立，而事未進行。一八七四年重又派定納稅人九人，爲修改章程新委員會，至一八七五年修改竣事，然而亦僅此而止，遂成擱置。一八七九年納稅人大會，又委派修改土地章程委員，蓋經工部局迫切請求而然，因維時民衆，以工部局徵收稅捐爲不合法，而大加非難也。委員會成立後，費十四閱月之工，始克竣事，即於一八八一年二月，召集納稅人特別會議，先後共開會十次，將修正之土地章程及附例草案，逐條詳加考慮後，乃寄呈北京，要求條約國公使團批准，而該案在京又躭擱多年，批准之時，已爲一八九八年矣，且有更改之處，限制殊嚴，遂令工部局感覺困難，以爲尙不若舊章之適用。蓋工部局招集義勇隊之權，旣被刪去，而拘捕罪犯之權，亦被限制，新稅則非經領團之許可，不得施行，照會費之增減，須於每年納稅人大會時商定之，總之，租界工部局與北京公使團，似皆容忍有餘，而抱緘默主義。

一八八九年一月，修改土地章程委員，曾提出修補之章程及附例多條，經納稅人開會議決，由領事團央請道台轉送南京總督觀閱，而總督之復文則謂：本人對於是項章程，前此旣未嘗與聞，現在似未使過問，應由工部局直接與領事團商一妥善辦法云云，於是此項修補章程及附例，遂先後得領事團及公使團之批准，惟因是案曾經送法總理衙門，領團乃將批准之案，留中不發，以待總理衙門之復文，當時工部局曾屢上說明書，謂新章既經納稅人會議議決，領事及公使團之批准，並已送呈中國當局，且與一八六九年之章程同一性質，故擬要求立卽宣佈，以便施行云。此項要求，間續不斷，直至總理衙門之復到爲止。一八九八年之土地章程，雖屢經攻擊，謂已過時甚久，不堪應用，然至今仍生效力。

第三章　土地章程之討論

上海乃一政治問題　中國各地及上海外人租界之基礎有二；即國際條約與土地章程是已。此外尚有一端，其勢力有時竟在上文所言二要素之上，因無適當名辭，姑名之爲政治勢力，可以包括外交壓迫手段，道義勢力，示威舉動，帝國主義，及愛國觀念等等。斯蓋不足爲怪，緣此要素，本與人類相終始，自有歷史以來，即已進行不已，諺云，『自助者天必助之』，斯亦閱歷上之智識及實際上之政治學而已。吾之作此說也，並非故好爭辯，英諺不有云乎，『爲正義而爭者，必有三倍之利器，』惟吾人未曾開始討論之先，須知上海情形複雜，一經考查，必知有多少難題，在法律上竟乏解決之方，一方面視爲正義者，另一方面又視爲不公允矣，斯皆政治問題，因人種繁雜，開化不齊，所由發生，使能研求一解決上海法定地位之方，當堪尋味，或竟有補於事，然不同時將政治元素，加以討論，則所得結果，仍屬虛文，無關實際也。

租界與條約之規定不符　本書開端，曾言現在上海外人，似乎皆有成見，以爲當一八四三年十月八日，中英簽訂善後條約之時，曾有設置租界之規定，當係指該約第七條而言，茲將第七條之規定，照錄如左：

『中英和約中規定，英國臣民及其眷屬，有在廣州，廈門，福州，甯波，上海，各口居住與營商之權，中國不得加以滋擾或限制，茲特商定，各該商埠中國官府，應指撥基地及房屋，通知英領，作爲英商居住營商之用。此項基地及房屋，無論或租或買，價格均須與普通時價相同，與華人一律，雙方皆不得有勒索之舉。而建造房屋若干所，或租賃房屋若干處，英國領事每年須具報告一份，與各該當地華官，以便轉呈督撫。惟房屋之數目，不能限定，蓋須斟酌商業情形，及英商數目，而有增減也。』

十五年之後。卽一八五八年六月廿六日，中英又在天津訂定續約，該約第一條之規定如下：

『善後條約，曾經修改盡善，其中所有各款，皆附於此約之內，茲特聲明，該善後條約作廢。』

善後條約既經作廢，則租界之法律根據，應於一八四二年南京和約第二條中求之，而該條則僅謂：

『中國皇帝，准許英國臣民及其眷屬，有在廣州、廈門、福州、甯波、上海，居住營商之權，中國不得加以滋擾或限制。』

嗣後該條曾經增補，見一八五八年天津續約第二條如下：

『除南京和約所規定之廣州、廈門、福州、甯波、上海五通商口岸之外，中國政府又允許英國商民，有往來牛莊城鎮口岸之自由，並得在該處通商，而英國商船貨物，亦得在該口出入無阻，在各該城鎮口岸所享之利權，一如其他業已開放之通商口岸相等；卽如自由居住，購買或租賃房屋，租賃基地，及建造敎堂、醫院、義塚等等。』

條約規定之權利，盡此而已。若以之與一八九八年治理租界外人之土地章程相較，則無論吾人加以何等寬惠之解釋，非將條約各款強爲牽引，不能求得相符之點。（見本書著作人之中國外交史之研究第五十九及六十頁）

吾人卽退讓一步，而不反對曾經明文廢棄之一八四三年之善後條約之效力，而其條款，亦極簡單，僅言條約國國民，有在通商口岸營商之權，並無片紙隻字論及應如何脩訂土地章程，以爲推廣曾經中國當地官長與英領共同指定基地之界限之利器。條約之規定，租界之設，僅爲外人得於界內購地，租屋，開設商行而已，此外並無予外商以任何其他物權。一旦外人行動越出條約規定範圍之外，則條約失其效能，無從可否，是此等越軌之行動，條約不能負責明矣。商訂條約當局，當時曾未想及約內各款履行之狀態如何，且亦不能責其有此先見之明。嗣後土地章程及工部局，應運而生，是否在條約規定之中，曰否，是否在條約禁止之例，曰亦否，蓋西人勇於進取，一經剏始，遂本「自助」精神，孤意進行，其關係如何，非所計問，迨至爭端起時，乃謂條約既無禁止明文，佔有非卽法律乎？而華人方面，則又必謂凡解釋准許特別權利之公文者，其解釋法，在理宜於准許者，以相當之情誼矣。

土地章程之效能　吾人今欲開始討論上海公共租界之第二基礎矣，蓋卽所謂土地章程是也。今日界內當道所言之土地章程，自係指一八九八年之土地章程，實則工部局無論如何措辭，不能將一八四五年、一八五四年，一八六九年，及一八九八年之土地章程，分而開之。吾人討論土地章程之歷史時，曾言該數次土地章程未皆完全經同一之合法手續，則其效能，自有等差。一八四五年之土地章程，乃經龔道台與英領巴爾福共同商訂，而一八五四年之土地章程，遂反是矣。當商訂草案時，並未邀請代表中國政府之當地長官參加，視為外人一種祕密進行之事件，僅於事後抄錄全文，送與華方，作為成案而已。此次土地章程曾經駐京條約國公使團批准，一八六九年之土地章程，乃由界內租地人與關係國領事團共同商訂，一如一八五四年之役，並未邀請華方參加，不第此也，即駐京公使團批准該案時，亦未曾向中國政府作一度之咨詢，仍僅於事後錄送全文一份，作為成案，遂迫中國政府，處於無明文而承認該新章之地位。一八九八年之土地章程，於一八八三年寄呈北京外交界，在京擱置十五年之久，並經公使團大加删改，始行批准，一八九九年五月，租界界限已經推廣，道台乃出告示，『謂租界區域，除勅建廟宇及中國政府正式機關外，皆在工部局統治之下，現有之章程。應為有效，而資遵守』云云。赫德森氏對於該示，曾作抽象的批評如下：

『由是觀之，現行之土地章程，可謂已得當地華方下級官長之認可，至於上級官廳，則又以緘默之故，等於默認也。』(見一九二七年十月份外交事件報)

產生土地章程之手續為不規則，已如上文所述矣。而所以不規則之由，或因當時商訂首先土地章程之當局，以為斯輿，乃一八四三年中英善後條約，一八三三年至一八四三年間英國國務會議議決案之自然結果，因而認定爲地方官廳之事，一八五四年之土地章程，則廢棄道路碼頭董事會，而將租界改爲市區，設置工部局會議，故欲求得北京公使團之批准，而可異者，則中國政府之批准，反視爲不必要也，工部局成立之後，其地位之是否合法，成爲疑問，香港法官，竟不承認該會議有法定地位，故一八九八年之土地章程，遂有呈報中國政府，要求批准，以完手續之必要，然而中國政府，並無復文。

即使中國政府當時有批准之復文，手續仍不完全，蓋尚有關係國之政府在也。英國法學專家史悌芬氏，(*Sir Fitz James Stephen*) 對於一八六九年土地章程之效能，有重大之疑問，以爲僅恃北京英公使之批准，爲訂立新律之基礎爲不智，是以一八九八年土地章程，駐京關係國公使團業經批准矣，第以未得總理衙門之復文，領團一時且留中不發，不僅此也，該章程且曾寄呈英國女皇，於一八九九年得女皇之認可。

土地章程歟抑工部局律例歟　土地章程之效能，屢經責難，屢被否認，香港檢察長，即不認其爲有效，疑問之生，蓋在五十年前土地章程與工部局刑律合併之時，史悌芬氏以爲該舉乃鑄一大錯，史氏之意，以爲土地章程，無論如何修改，仍應爲土地章程，工部局刑律，宜另外定之，蓋二者之性質完全不同，基礎自異，如現行非驢非馬之土地章程首數條，處理置業、註冊、過戶、等問題，確屬土地章程範圍，事務簡單，可謂爲條約之自然結果，此等問題，可由地方官與駐地領團公同處理之。工部局刑律，乃一繁雜問題，論理若干外人之集合體，在於獨立國家之疆域內，並無組織市區之權，此種行爲，近代史中，無先例可援。蓋許外人在本國疆土上，設立市區而統治之，並據有本國政府最高之徵稅、設警、法權，爲狂妄而不可思議之事也。

法理與土地章程　吾人若假定改租界爲工部局之舉，爲曾經許可，則此項許可，應出自中國政府之本身，或經中國政府之委託。如係出自委託，必先由中國政府，將此項權能委託條約國政府，然後再由條約國政府，委託駐扎中國之各該國外交代表，最後乃由各該國駐京外交代表，囑令各該國駐地（即上海）之領事，依照中國政府之委託而行，並負依法履行之責任，而同時中國地方官，亦有監視及隨時報告政府之責。在此項情形之下，則工部局刑律之厘訂，或修改，每次皆須先經領團之認可，次經駐京公使團之認可，再經各該國之政府認可，然後轉呈中國政府，斟酌可否，批准施行，必須經過如此手續，方爲合法。然而仍僅限於純粹之市區事務而已。至於裁判華人及外僑之行政權，除非條約有明確之規定，固依然屬之中國政府也。由是言之，租界現行土地章程之性質，與其成立之途徑，不無瑕疵可摘，不待辯而明矣。若以法律及憲法之目光考察之，則是項章程，僅一不規則之文書而已，刑律云乎哉？此節護衞土地章程者，亦曾見及，於是強辭奪理，謂土地章程之逐次脩改，僅推廣一八四五年之舊章而已，而一八四五年之舊章，固明明爲中國道台與英領巴爾福共同商訂，是早得華方之贊同矣，則以後之脩改，固無須每次徵求華方之承認，首次之承認，大可推及於以後應時勢必須之脩改耳。且不第此也，華人之向習，凡遇不滿之時，輙加反對，今華人既未加反對，是已贊同土地章程，而應有效明矣云云。又該章程對於外人之效能，亦有若干疑問，一八六九年土地章程，曾於一八八一年英國國務會議，議決追認，對英籍商民爲有效，而一八九八年之新土地章程，似亦經過同樣之追認，該章程與美商之關係如何，不能確定。惟美使威廉氏致駐滬美領熙華德氏之訓令有云，美京默認舊章，爲時有十二年之久，當可作爲新章依然有效之保證，至於其他國家，卽曾予以承認，而該章程之對於個人，究竟是否適用，審判官仍有可否之權，且吾人並無紀錄可查，當時其他條約國曾有正式承認新土地章程之舉，然而此節固可不問。蓋以斯事之性質而論，與英國之舊式憲政制度，較爲相切，吾人可借鑑而討論之。姑謂租界設立工部局之權，曾經中國政府之許可，則此權自屬委託英皇，而英國女皇經議院之議決，爲中國英商之安全及秩序計，得以通過國務會議議案，予英國駐華外交代表，以相當權限，俾得斟酌情形，製定條例，庶可達到目的。是則與洪庇氏（*Sir Edmund Homby*）一八六五年之判決書中所具之觀念，如出一轍。惟此項觀念，上海外人，無論今昔，對之皆謂僅一學理上之意見而已，試一觀官史家之論調，即可知其梗概，此種論調，殊爲奇僻，略謂『新土地章程，對於外僑因爭論而益增其效能，對於華人，又因不爭論而增其效能。』（見柯領氏之上海史第七十六頁）

工部局之地位與土地章程之關係　本書無意將土地章程逐條考查，而察其解釋及使用，蓋無論何時，土地章程及附律有爲人問難時，必有自命爲租界正當利益之護衛者，出而辯護，謂『土地章程每條皆係必需之自然結果，』（見柯屯奈克氏之上海工部局與華民第四十一頁）『或係外人合法之需求，』（見柯氏之上海工部局與華民第五十二頁）諺云，『必然之事，不知所謂法律，』上海外人，殊皆中此語之毒，故以外交團領事團之干預爲多事，而華人之反對爲不近義也。

吾人至此已述經過之事實不少，並發表多少之意見。則下段之言論，讀者當能自加判決，而得一相當之眞義；

『與中國政府及其代表直接交際之權，成爲公使團及領事團之專利，保守維護，不容中國各處外人設立之工部局染指，於是遂令公使團領事團將對付中國當局方面代表工部局之權，一變而爲一種無限制之威權，此種威權，就上海而論，殊與土地章程各條之精神相逕庭，而使上海之外人及工部局在華人眼光中成爲怪狀之組合者，殆皆此種威權之罪也。且華人更走極端，視外交團爲尤甚，有時竟不承認土地章程之效能，而視公共租界爲領團屬下之英國或美國公民之經營事業。』（見柯屯奈克氏之上海工部局與華民第廿七頁）

第四章　公共租界會審公堂一八六四年至一九一一年

公共租界會審公堂　與界內治安有密切關係之警權，按記錄所載，得由條約國領團以警察官資格執行，中國官府，不能過問。民事案件，類多不涉公庭，非由同鄉會從中和解，即由兩造公請評判人，判解息爭。惟華洋有爭執，須涉訟公堂，以求解決時，則在領署公堂進行。一八六四年五月，尚有東方銀行（*Oriental Banking Corporation*）在漢口英領署控告燕中號，（譯音）及維記號，（譯音）一案，原告勝訴，判令被告繳付規元六萬八千二百卅二兩，當時被告且遵判照繳，此種制度，無持久之可能性，不謂上海初生之共和國，竟不願容許中國官府入界，直至一八六四年，始得一種解決之方，即在界內設置會審公堂一座，由上海縣知事，委派一人爲會審官。（見 *Morse; The International Relations of the Chinese Empire* 第二卷第一百卅三頁）

上文所言，自屬實情。當時界內華人甚少，且强半皆係守份之農民，自不至予領團以重大之困難，卽或有緊要案件，華人直接入城，向上海縣署控告，以求昭雪，而領團毫不知情，亦在意中。惟界內華人，由數萬之時，情形乃不得不一變，故當一八五三，四，五，數年中，有多數逃難華民遷入租界居住，於是統轄界內華民問題，遂成多少難題之一，界內華民，犯有案件時，應如何發落耶？應否容許華方當道，在界內設置審判廳耶？且城內當道，一時又逃亡不見，會審公堂，又遲至一八六三年始行成立，於是於青黃不接之秋，英美領事，遂不顧條約之規定，不顧公使團之蹙額，不管租界章程之限制，毅然承審華人案件矣！及至髮匪末葉，國內情形，漸歸平靜，大局仍復舊觀，駐京英使布魯斯氏，又表示鮮明之意見，美使巴靈根氏，及伯爵盧色爾氏，且從而附和之，領團之法權，乃形削減。故自一八五六年起至一八六三年止，是數年中，曾經犯案由工部局巡警捕獲之華人，每日雖常有二十件之多，皆先解至領署公堂預審，得有犯案確實證據後，再解往城內中國官廳，復審之案，其犯案證據，由界內外人供給者，則以供證詳細情形，書之公牘，送往內地官廳，以供參考。此種辦法，據一八六六年英副領阿拉白斯特氏謂，流弊殊多，蓋大多數案件，中國官廳所得知者，僅工部局之控告而已，除非犯者肯自招承，或被盤問而肯供給不利己之證據時，中國官廳，實無由定讞也。職是之故，公誼遂恆有不能伸張之處，加以外人對於中國官廳，常存一種偏鄙成見，於是遂謂，罪犯之得以幸逃法網，乃由中國官廳腐敗所致，非租界治理不嚴之罪。雖然如此，領團卽欲圖復一八五三年至一八五五年之舊觀，終不可得，蓋駐京公使團，遵守條約之意，異常堅決也。

會審公堂之創設一八六四年　一八六四年之初葉，英領白克斯氏，雖發表一種計劃，擬在租界內設一華官審判廳，案關外人利益時，得由外官陪審。此種計劃，驟觀之，殊似有利，不僅不背乎條約，且可緩和駐京公使團之疾視，蓋斯時公使團，因租界外人之行徑，直欲將租界區域，完全脫離中國政治之外，大大不滿也，於是遂開公共租界會審公堂之先例。一八六四年五月一號，各方磋商妥洽，道台乃委派屬員一名，會同英副領爲陪審官，在英領署正式開堂聽審。

會審公堂之法章未經規定　會審公堂之法章，完全未經規定，僅一不規則之草案，既未經雙方簽字蓋章批准，而其各條所定，又甚含混不淸，阿拉白斯特氏謂，『經若干困難之後，新創公堂之性質，及該公堂之法章，始得道台相當之諒解，』卽此不規則之草案，亦未經公佈，內容如何，至今仍不甚了了。據云，公堂有受理下列各種案件之權：

一　界內違警案件。

二　外人爲原告，華人爲被告之刑事案件。

三　無條約國外人爲被告之刑事案件。

四　外人爲原告，華人爲被告之民事案件。

五　外人或華人爲原告，無條約國外人爲被告之民事案件。

起初之時，該公堂所能於罪犯之刑罰，最大限度，爲杖責一百下，枷示十四天，苦役十四天，囚禁仝罰款仝或逐出租界，是其權限甚小，僅屬試行性質，須受道台嚴格的監視。

陪審官自始即與聽審官享同等權限　會審公堂創設之初，陪審官即篡取大權，有時竟與聽審官相等，此則有背設立該堂之初衷，毫無疑義。且無論何種案件，陪審官皆固持須陪座聽審；而阿拉白斯特氏及麥根氏，關於會審公堂之記錄，且謂『華官希圖減削陪審官權限，要求於法章內，註明判案之權，須完全由華官執行，實則陪審官對於判決一途，異常注意，皆與華官共同執行，』等語，可見外人陪審官之跋扈。一八六四年十月，該公堂又開始受理民事案件，當時華方又要求，應由中國聽審官全權處理，曾經若干之爭論，柯頓諾夫氏且謂

：『英領白克斯氏及伯爵盧色爾氏，嚴守條約之文詞，而允華方之要求，爲不幸之事，』以爲失一一勞永逸之機會，而將陪審官之權限確定不移，然雖如此，柯氏亦自承陪審官在會審公堂之地位及勢力，固依然如故，而未有變更。然柯氏所謂勢力者，究屬何種勢力耶？殊令人莫名其妙，吾人固知陪審官爲心地光明人物，時因見地不同，遂故意漠視中國聽審官之權限。總之，會審公堂，雖爲解決難題之絕好方策，祗因進行方法，與發起人之原意不符，遂無以副華洋雙方之願望。一八六七年四月五號，英領溫輸斯德致英公使呈文中，曾謂，『道台滿擬將會審公堂、關閉取消，實則華人既得援先例爲口實，向租界要求於特種情形下必不可允之權利，則外人亦得援同樣先例爲口實，取得法章中未能預期之權利也，』困難之生，或即坐此。(見*Kotenev: Shanghai, its Mixed Court and Council*第六十七頁)

會審公堂一八六九年之臨時法章　一八六七年英領與道台，重開談判，意欲將會審公堂之組織及法權，加以較明確之規定，磋商之結果，爲另擬會審公堂法章草案，寄呈駐京公使團，及中國總理衙門，要求批准，二年之後；即一八六九年四月廿號，英領麥特赫斯特氏得其公使之訓令，乃發佈上海會審公堂之臨時法章十條，而會審公堂地點，已於一八六八年終，由領署而遷至南京路矣。

改良之經過　一八七五年，租界外人，對於會審公堂之局面，又嘖有煩言，此種不滿之感覺，前已言之；半由界內之案件，日漸增多，半由中國聽審官，須秉城內中國當道之意旨而行。於是領團召集會審公堂各陪審官，開一會議，磋商改良之法，謂現行制度，微特於刑事案件，未能處置得宜，卽於民事案件，亦罔克孚洽衆望，當時在場之英副領阿拉白斯特氏，提及公堂之根本問題，謂除非根本改正法章，於陪審官以較大之權限，並製定中國新刑法，而公佈之，公堂事務，殊鮮改良之望，不僅城內中國當道之藉端推托，須求應付之方，且有更大之困難，卽歐人視爲重大之罪犯行爲，華官視爲輕瑣而可恕，而外人視爲輕瑣者，華官反視爲重大而應嚴辦也。經此會議之結果，更加界內外人之鼓吹，陪審官遂主持，公堂加罪犯以較嚴之刑罰，非至必不得已時，不將罪犯送入內地定罪，除此之外，其他諸事，一仍舊章，進行如故。惟外人之不滿，與日俱增，乃由各團體上書駐京英公使請願，要求修改條約，其意以爲應設置警務官一員，由外人充任，以代會審公堂之責；又要求領事及其代表，應與中國問官有同等權限；中國刑律，及審問方法，有認爲不適用時，應照依英國刑律，及審問呈式定讞。顧辭雖上，而駐京公使團遵重條約之意，始終不變，英使愛爾客克氏且謂，英美政府在華盛頓之協定，曾有下叚之决案：

『不以壓迫行爲加之中國政府，以求中國超出穩妥行程，抹殺輿論，而得較速之進步也。』

煙台會議一八七六年　煙台會議，即本此種見解而進行，故自外人視之，煙台條約，關於會審公堂之規定，正如柯頓諾夫氏所謂，『非特不足以解難題，遠不足供在華外人最大殖民地之需求，且自條約定後，會審公堂之地位，較前更爲含混而繁雜，』（見 *Kotenev: Shanghai, Its Mixed Court and Council* 第八十頁）則上海外人，對於煙台條約，深致不滿，自不待言。同時會審公堂日常事務，進行異常困難，柯氏謂此皆一八七六年，煙台會議，爲厲之階，略謂，『會審公堂中國問官之地位，較前益形困難，從前尙視問官個人資格之良劣，而定困難之繁簡，雖與陪審官之意見，間有衝突，尙爲僅見不常之事，現在則兩方雖欲免除衝，突亦不可得也。』（見 *Kotenev: Shanghai, Its Mixed Court and Council* 第八十四頁）讞員所處之地位，進退維谷，直似前有猛虎，後有豺狼，動輙獲咎，一方面須秉承其上峯之意旨，與夫其守舊國民之督促，爲國家爭體面，爲條約爭效能，而一經行使其職權，一方面又須受工部局之反對，而要求其收回成命，於是識員既茫無所從，而中國國家願望，亦受莫大之影響，況以中國領土之上海租界，而有中外合治之事，已足損及中國之體面耶，(見*Ktoenev: Shanghai, Its Mixed Court and Council* 第八十四頁)

捕犯權　當一八七八年間，華租當局，每因捕拿住居租界內華犯問題，時起齟齬，一八八六年十月廿四號，工部局致領袖領事一函，謂道台已發佈下列之告示：

『非先得領袖領事簽字蓋章之傳票，內地快役，不得在租界內捉拿人犯，捉拿人犯時，須會同租界巡捕，幫同挽拿。』

於是華役在界內捕犯之權，遂被限制。工部局此種限制手段，等於將會審公堂，與城內管轄全縣之高級審判廳，分而開之，而劃清其統治界限。一八八三年之前，城內中國當局，自出拘票，一經領袖領事，或其代表，——卽會審公堂之陪審官——之副署，卽可在界內拘拿人犯，且副署與否，不關緊要，蓋依一八六九年會審公堂法章之第四條，本無副署之必要也。惟當時工部局見地不同，以爲華方快役，在界內拘捕人犯，乃干涉界內行政，故雖有一八六九年會審公堂法章第四條之規定，該局仍置若罔聞，固守其不變宗旨，謂：

『中國當局，對於租界內華民，如仍有何治權，此種治權，須分與外人共享之。』

一八八三年七月，發生一案，相持之後，工部局獲勝，於是遂確定會審公堂之常習，從此華官拘票，遂絕跡於租界矣。而一九〇〇年十二月，蘇報一案發生之後，南京總督又承認會審公堂為初等審判廳，無怪柯氏謂，『領團及工部局之維護租界之獨立也，至此乃得一大勝利。』(見*Kotenev: Shanghai, Its Mixed Court and Council*第一百另八頁)

十九世紀末葉讞員地位之困難　會審公堂及讞員之困難，至十九世紀末葉為止，可於二段記錄中尋求之，作此記錄之人，皆曾為陪審官，與讞員共事多時，知之必詳，所言自能鞭辟入裏，不若憑空臆造，有隔靴搔癢之弊也。一八九三年，英陪審官畢雷發氏，會審公堂記錄中謂：

『會審公堂律例論，尚須待饒有經驗之法學家討論之。該堂進行事宜之順利與否，強半繫乎讞員及陪審官個人之人品，其進行方式，今日尚未至結晶時期，故卽欲加以討論，為時尚過早也。該公堂既非純粹中國式，亦非純粹外國式，陪審官強有力時，則頗像外國式，讞員强有力時，則又頗像中國式矣。』

一八八九年陪審官查理斯氏之報告謂：

『蔡讞員之判案也，無刑律可爲依歸，蓋無陪審官，能容中國刑律之施行也。然陪審官人各不同，意見自異，對於拘禁之久暫，以代中國刑罰，不能一致。又有多數違犯租界警律之案件，若以中國刑律衡之，並非犯罪行爲，故讞員無先例可援，若爲固執已見，固守其本國舊禮教之人，則不僅不能予巡警以何助力，適足以僨其事耳。然而蔡君則不然，一經陪審官或巡警，將情形詳細解釋後，蔡君無不樂於贊助也。』

一八九八年，又有修改會審公堂之法章及訴訟法之運動，蓋是年六月，上海租界律師公會，組織委員會，担任研究修改問題，同時工部局，又委派特種委員會，與律師委員會，相助爲理，研究之結果，修訂會審公堂法章十九條，此次草案，雖一部份人以爲盡善盡美，然除使從速建設會審公堂新屋外，並無其他效果，新屋於一八九九年九月十八號，正式開啓辦公，較之馬路小菜場（卽南京路）舊屋，殊覺寬裕有餘。

一九〇三年以後陪審官之地位　一九〇三年六月，有著名之蘇報案件發生，於是會審公堂，及引渡政治犯等問題，又引起歐美各方之注意。此外蘇報案件，尙有一令人注意之處，卽將此一八七六年煙台會議以後，廿六年間，陪審官篡享之權，宣洩無遺，此種權限，實爲煙台條約所不許者，觀一九〇三年十二月三號：白顧魄氏盤問之辭，可知陪審官不問條約之規定如何，對於陪審官之地位，固自另有一種成見。蓋斯時陪審官，彰明宣告白顧魄氏曰，陪審官三字，視其用處如何，可得二種之解釋，蓋會審公堂之陪審官，與煙台條約上之陪審官不同；煙台條約上之陪審官，僅能列座看審，盡其保障外人利益之責而已，至若會審公堂之陪審官，卽於判決書，亦有過問之權，非得其同意，不能判決也。於是被告(卽工部局)之律師莊士氏，竟起向陪審官曰，至於吾友，(指原告律師白顧魄氏)提及先生在公庭之地位，鄙人僅可謂，先生職居陪審官，實爲公庭之一主要部份，其他主要部份，卽讞員也，現在吾人論及條約問題，不能更以煙台條約爲口實，蓋自煙台條約成立迄今，吾人已經過許多程途矣。

條約及公堂法章皆不能維繫陪審官　莊氏言畢後，陪審官乃怡然告之曰，此節固不必提及，煙台條約之規定，與本陪審官之坐此公堂無關，本陪審官之地位，本人已言之詳矣，且識員亦謂，不必更提及本公堂之法章，是以吾人逕進行案件可也。（見*Kotenev: Shanghai, Its Mixed Court and Council* 第一百十二頁）此案雖引起英國下議院之質問，並經呈請最高政府查問，然其結果，勝利仍屬之工部局，係中國政府之讓步，案件遂得照常進行無阻。

臨時法章規定二會審公堂之治權界限一九〇二年　一九〇二年，爲會審公堂史中之緊要時期，蓋是年有一緊要事件發生，即規定二會審公堂之治權界限是矣。規定之先，曾經許多激烈之討論，繼乃呈請領團解決，領團乃委派德、法、英、三國總領事爲特別委員，共同商酌，製定臨時法章，規定二會審公堂之治權界限如下：

一　兩造皆爲華人之民事案件，原告應向被告住居界內之會審公堂控告。

二　兩造皆爲華人，與外人無涉之刑事案件，及關於界內華人之政治犯案件，必須由犯罪地界內之會審公堂受理。

三　關於華洋民事訴訟案件

甲　若原告乃非法籍之外人，而被告爲華人，住居公共租界，應向公共租界會審公堂控告。

乙　若原告爲法人，被告爲華人，住居法界，應向法界會審公堂控告。

丙　若原告爲非法籍之外人，而被告爲華人，住居法界，仍應向公共租界會審公堂控告，公共租界會審公堂可出傳票，經法總領事副署後，由公共租界會審公堂差役，連同法界會審公堂之扶助，拘傳人犯到案。

丁　若原告爲法人，而被告爲華人，住居公共租界，應向法界會審公堂控告，法界會審公堂可出傳票，經領袖領事副署後，由法界會審公堂差役，連同公共租界巡捕之扶助，拘傳人犯到案，公共租界會審公堂，不得有預審情事。

四　原告爲非法籍外人之刑事案件，公共租界會審公堂有權受理。原告爲法人之刑事案件，法界會審公堂有權受理。第三條丙丁二段所規定之拘傳人犯手續，此條亦得適用。吾人試觀第三條丙段，及第四條之規定，可知公共租界會審公堂之範圍及緊要，皆遠超乎法界會審公堂之上，蓋在上海之外人中，法人實僅佔一小部份耳。

容許外籍巡警入會審公庭　一九〇五年　一八六九年會審公堂法章，規定會審公堂之屬員及日行事宜，完全直接在讞員掌轄之下，向例稟單傳票等，未經讞員寓目之先，須經許多屬員卽差役之手，此等差役遂有機可乘，得施其勒索伎倆，於是遂常有舞弊之情事發生。一九〇三年，巡警官呈一報告與工部局，長篇累牘，歷叙讞員及其屬下之情弊。一九〇四年工部局舊董卸職之先，曾提出會審公堂應急行改良之點不少。及一九〇五年，工部局乃決定實行監察會審公堂進行事宜，蓋因差役之傳達公堂之命令，完全不能稱職，故於是年四月十六日，工部局乃派遣一外捕或印捕，常川駐庭，較對差役責打人犯數目，遇有舞弊情事，卽報告工部局。當時中國官場，甚爲詫異，以爲工部局無論如何跋扈，決不敢侵犯會審公堂之神聖，而工部局之爭議，則謂會審公堂讞員，得以住居租界，蓋基於各條約國友誼的許可，是該局本有權自由出入該公堂，緣租界之統治，無論如何，不能完全委諸華官之手，對於此種理論，領團雖不無懷疑之處，然終爲工部局所動，而右其行動。當時經過如許書面交涉，並有人建議一種諒解，惟迄無妥當解決，時日遷延，乃有一九〇五年十二月之暴動，清庭調派南京總督周孚，來滬解息爭端，周氏昏庸，竟明允工部局有出入公堂之權，於是爭議一番之勝利，又爲工部局所奪得矣。

會審公堂暴動及其關係　卜芳濟氏謂，一九〇五年，在上海史中，殊爲可紀念時期。蓋是年上海華人智識階級之態度，顯有變更，不復更願消極的服從侵奪其利權之人，故於是年底，上海共公租界，乃有會審公堂問題暴動發生，是爲新態度之結晶。暴動之發端，乃因一九〇五年十二月八日，中國讞員，因處置候審之女犯問題，與英國陪審官意見不同，發生齟齬；讞員之意，以爲應將女犯暫拘會審公堂拘留所，遂命差役執行，英國陪審官，竟將該女犯交與工部局巡捕，命工部局當局，暫時代爲拘管，遂使差役與工部局巡捕，因搶管女犯，而至互毆，巡捕人數衆多，女犯遂被搶去。廣東會館，乃開會反對，公堂審案尚在進行之時，華商亦組織委員會，反對工部局巡捕，任意毆擊中國差役之舉，據外人所載，華人方面，因公堂情形，傳聞過甚，輿情沸騰，乃以罷工，停止納稅，及華人一律遷出租界等，爲要嚇。卜氏謂是種鼓動之結果，遂有大羣莠民，往攻工部局及各巡捕房，是時巡捕得有不許開鎗之戒令，無力抵抗，於是老閘捕房遂爲羣衆攻入，放火焚燒，租界情形異常緊張，外人生命，岌岌可危，後由登岸外國水兵及義勇隊之協助，始將羣衆驅散，惟當時中國道台，態度殊爲强硬，固特非至英國陪審官及工部局總巡查辦免職之後，不允重開公堂。斯時華人方面因外人方面在會審公堂侵佔特殊地位，大爲不滿，而工部局與華讞員商請，將爭端交由英國高等審廳問官蘇馬勒氏公判時，讞員亦有所持，約言之，可得左列二問題；

一　工部局及領團，有無法定權限，自一九○五年四月九號起，每日在會審公堂派置巡捕一名。

二　工部局及領團，有無法定權限，違反公堂讞員之意旨，擅將女犯，交由巡捕拘往西牢看管。

讞員謂，工部局及領團，並無此種權限，所有舉動，乃屬違法，對於一九○五年二月十八日暴動，應負全責。及後南京總督奉諭來滬調解，竟允巡捕有出入公堂之權，女犯則仍由讞員處置看管。

一九○五年至一九一○年間讞員與陪審官之關係，由上文而觀之，讞員與陪審官之關係，實有不能令人滿意之處，而一九○五年十二月十八日之暴動，仍未足以改良此種情形也。此數年中，會審公堂之情形，可於局內人之記錄中約略求得之，英副領兼陪審官卜勒特氏之記錄中謂：

『公堂判決，由讞員及陪審官共同行之，若兩方意見有不同時，判決卽爲無效，惟實際上判決之權，類皆爲陪審官佔奪，蓋陪審官之判詞，巡捕卽視爲有效，如判執行。』美副領兼陪審官赫德雷氏之報告中又謂：

『公堂審案之權，略經推廣，卽對臨近租界之界外外人，有刑事行動之案件，亦得接受。蓋此等案件，以便利故，胥在會審公堂進行。又上海港內水上各案，如輪船失竊等，罪犯由海關節制之水上巡警捕獲後，亦逕法審會公堂審問，定讞後上解至城內縣監執行。』

第五章　一九一一年至一九二六年中之會審公堂及一九二七年至一九二九年中之臨時法院

辛亥革命與會審公堂　一九一一年中國革命，於會審公堂以最緊要之變動，是年十一月三號，上海爲民軍光復後，會審公堂乃暫時停止職務，且有讞員二人，席捲公堂涉訟存款而逃，公堂情形，遂益混亂。然而公堂不可一日停頓，於是遂由領團權轄，外人有謂，此舉適符上海民衆之需求，以爲上海民衆，國籍複雜，早已超乎中國公理幾希之維繫矣，非如此不足爲公堂圖獨立，而求進步也，換言之，卽外人早已以華人有權干預公堂事務爲厭煩，至是外人乃得任意進行無阻也。一九一一年十一月七號，美陪審官赫德雷氏，上書工部局董會主席，條陳六種意見，以爲會審公堂進行上謀輔助，是月九號，領團會議，贊同赫氏之條陳，遂由費勒斯爵士草定通告，經在場領事簽字，於次日送致工部局張貼，茲特照錄如下：

『爲通告事，照得界內有多數華人居住營商，故特設一特別會審公庭，處理民刑訴訟事件，爲界內之和平及秩序起見，該公庭及其附屬各監牢，實有繼續進行之必要，因此各條約國領事，以其地位及權限關係，特定一種處變暫時辦法，重委曾經爲讞員之關棨，王家海，聶崇熙諸君爲公堂讞員，秉陪審官之指導及同意處理公堂事宜。又命租界工部局巡警管轄該公堂各監牢，並傳達公堂傳票，拘票，及各項曾經陪審官副署之各種命令，並出全力扶助公堂，以維公堂之尊嚴。凡爾各色人等，須知租界附近之上海不靖時局，不能影響界內之中國守份居民，此等守份居民，仍得各安生業，如有不逞之徒，以干涉或恐嚇手段，阻礙此等居民生業之安全，或以干涉或恐嚇手段，勒索此等居民，捐助任何黨派款項，一經查出，定卽嚴懲，决不寬貸，凡爾中外各色人等，務使咸知，切切無違，此示。』

對於以上通告，基氏曾作饒有趣味之批評如下：

『此通告爲不經之公文，是可證明領團之意，蓋不僅於會審公堂事宜之得以繼續進行而已，觀其重委存留之讞員公文中，竟謂讞員應秉代表領團之陪審官之指導及同意，處理公堂事宜，可見上海外人，固欲求得此種現狀，然而中國官員，固未必肯具同等觀念也。』（見基敦氏之治外法權第一卷第三百七十六頁）

租界當局接管會審公堂　一九一一年十一月十一號，會審公堂門首，發現此種報告，租界巡捕，立即闖進女監及拘留所，接管公堂各處。是年十二月二號，工部局得有領袖領事通告，謂領團以權宜所需，已暫時接管公堂，故領團特請該局代担下列情事；即担任公堂一切開支，及各屬員薪水工資，——惟讞員薪水，則由領袖領事主持，在道台之担保款內撥發，——所有一切罰款，亦由該局徵收，以充上項經費，該局應在公堂內另設一財政處，指派該局僱員一人，專司其事，所有特別案件担保存款，亦歸該員保存，惟須另標記號，不得列入總賬，每日並應作報告一份，報告領團，似此佈置，是處理公堂行政事宜，完全置之工部局之手矣。基氏謂；『此種辦法，雖係暫時的性質，而公堂問題，遂益見繁雜，蓋華洋意見，每每互岐也。』(見基敦氏之治外法權第一卷第三百七十七頁)

領團決定華人民事案件亦應由陪審官幫同聽審　起初領團對於完全爲華人之民事案件，殊未能確定辦法，惟一九一二年一月五號，領團乃正式通告工部局謂；『所有完全爲華人之民事案件，亦應由陪審官幫同聽審，並已派定陪審官三人，專司其事』云云，此外並附致該局以是種案件進行規則一份，此規則中有二段，述明改革之原因，及陪審官之權限，照錄於下。

『外人利益　所謂外人利益者；亦得謂凡與外人箇人，外人團體，或外人商行，有關之案件，此等案件之判決，須與外人有利也。』

判決　判決書以會審公堂名義行之，惟欲使此等判決書有相當能力，必須先經幇同聽審陪審官之副署。

會審公堂之緊要變遷　辛亥革命所予會審公堂之緊要變遷，節錄之可得四種，無先例可援；卽會審公堂完全脫離中國司法制度，及內地中國官廳而獨立，完全爲華人之民事案件，亦由陪審官幇同聽審，完全爲華人事件之案件，亦有外人利益存乎其間之可能，及委派登錄員一人等是也。此種變遷，予外人以滿意，自不待言。惟中國官廳方面，則大不滿，而尤反對於陪審官聽審完全爲華人之民事案件：

『當此時期，應有若干變動，實爲不可免之事，而所有變動，不能以條約衡之，亦時勢使然；其故蓋因條約不能預期，有革命時租界複雜情形發生。』爲(基敦氏之治外法權第一卷第三百七十七頁)

柯屯諾夫氏則更作不羈束之言如下：

『此等規則之結果，（卽華人民事訴訟規條）終能確定陪審官對於判決華人刑事案之地位，陪審官逐漸侵佔，遂獲得與審判官相等之權限，而與讞員具同等地位，解決各案，四十七年間，工部局所競爭不已之租界司法行政之改良，至是乃大告成功，而後此外人之公正利益，可得充份之保障。（見柯屯諾夫氏之上海會審公堂與工部局第一百七十七頁）

會審公堂權限之推廣　變動後之數年中，工部局與會審公堂，殊能收指臂之效，然而公堂之內，雖能平靜無事，而工部局則乘機鞏固其地位，一九一二年，發生一案，會審公堂曾明認工部局警律之效能，柯氏謂，『公堂之明認工部局警律罰條爲有效，厥以是案爲始，於是多年意見互岐之公堂及工部局，至是乃實行和衷共濟矣。』（見柯屯諾夫氏之上海會審公堂與工部局第一百八十三頁）一九一四年，公堂承審楊可一案時，又開受理工部局界外馬路上案件之先例，柯氏於此，又謂，『曾經領團間接磋商而無結果之問題，不問外交團之商議如何，亦得一解決之方。』（見柯屯諾夫氏之上海會審公堂與工部局第一百八十三頁）一九一一年至一九廿六年，十餘年間，會審公堂，逐漸向各方伸張其勢力，於刑事案件上，竟得判決斬刑，由內地軍界執行，上海港內發生各案，無論係民事或刑事，亦皆由會審公堂受理。一九二一年，公堂會謂民事案件中人，雖其正式居室，在租界之外，但使此人，在界內作短時期之旅居，會審公堂，即有權受理。

『公共租界之本身，自一八四五年土地章程發佈以後，已前進至不可思議之地步，在此種情形之下，容留中國審問機關之存在，不能令人無疑，故界內當局，恆思收而管之，一九一一年至一九二六年間，收管志願，實際上業已達到矣。（見基敦氏之治外法權第一卷第三百七十八頁）

一九一四年之訴訟條例　會審公堂變遷後，未久又覺進行上殊有弊竇，蓋訴訟時，未有一定之步驟，而此種混亂情形，實因陪審官國籍不同，所具法理觀念各異，既無一定訴訟程序，涉訟者，每能利用公堂機關，以遂其願，一九一二年，雖有華人民事案件之暫時訴訟規則發佈，然公堂範圍澎漲，早已不堪適用。於是公堂自行發動，以圖補救，經英陪審官爲特莊氏之提議，設置英籍律師公會之委員會，進行起草，會審公堂之訴訟新條例，該委員會卽以當時有效之美國在華之高等審判廳訴訟規則爲指南，着手起草，並與專理華人民事案件之讞員及陪審官，逐條磋商後，於一九一四年九月，正式定爲華人民事案件之新訴訟條例。此種條例，至今臨時法院仍沿用之，惟略有增削耳。

領團及律師公會中，當時曾有人以爲新條例，應經批准手續，惟英陪審官葛特莊氏反對之，於一九一五年九月十八號，葛氏並在律師大會，作有趣味之庇護新條例演辭如下：

『第一，新條例僅約等於將公堂現行制度，筆之成例而已；第二，上月十六號，曾致諸君公函一件，述明該新條例，非卽作爲正式刑律，可以約束公堂及涉訟者，僅爲一種基礎，庶幾公堂得以設立一種公認之訴訟程徑而已；換言之，卽新條例吾人有以爲過苛時，吾人仍得有權，隨時勢之需求，以事輕減，況製定新條例之正當人物，應卽爲施行該新條例之公堂耶？普通人之心理，對於行政及司法二事，每多誤會，不能分清界限，吾人對於行政，絲毫無與，對於司法，則事事皆在份內，故吾謂有以新條例應經公堂問官以外之批准爲荒誕，想諸君必同具此意也。』

新訴訟條例，計刑事訴訟；民事訴訟；及上控三種，乃於一九一四年九月十八號正式宣佈。當時因無上控機關，甚覺不便，會審公堂訴訟條例，有上訴之條，而無上訴機關，受理上訴案件，實爲荒涎不經。一九一二年至一九一七年間，曾屢有提議，設立上訴公庭，惟未能取得各方之贊同，終無由實現。迨至一九一八年，遂將一九一四年訂定備而無用之上訴條例删去，而以類似早年會審公堂重審刑事案件之規則代之，於是設立上訴機關問題，遂不能不擱置不談，直至一九二六年八月卅一號，交還會審公堂協約中，始規定上訴機關之設，於次年正式成立。

交還會審公堂　一九一一年，領團對於會審公堂之舉動，本爲暫時的，而非永久的性質

『然而中華民國成立之後，各國亦經正式承認，中政府對於上海之治權，亦經恢復，而外人仍不將統轄會審公堂之權，交還中國，殊爲可異。就純粹之法理眼光而論，北京政府，屢次向各國要求交還，由中國統轄，各國格而不允，實無理由。』（見魏樂培氏之外人在華之利權及利益第六十一頁）

事實上無論如何，終不能使中國當道及中國社會最好爭論之政治家，容忍領團統轄公共會審公堂之情形。自一九一二年爲始，中國政府，屢次設法收回，惟皆未能如願。一九一八年、

凡爾賽和約會議，中國代表團，又上條陳，要求各國，免除中國自由發展上之一切障礙，其中亦包括交還會審公堂問題，中國政府之爭執，謂一九一一年十一月十一號，領團之通告，爲中國革命，時局不靖時，權變之舉，迨中國永久政府正式成立，各國亦經承認之僅可後，此種現狀之繼續存在，實爲理所不容，而有損中國獨立國家之主權。一九二四年八月九號，中國政府曾以此理由，咨致駐京外交團，並附具六條，以爲恢復辛亥革命前，會審公堂之狀態，此種條件，殊得駐京外交團好意之諒解，惜乎是年之末葉，政治混亂，會審公堂問題之磋商，無以繼續進行，遂被擱置。其時中國之激烈份子，自一九一一年後，會審公堂之所謂進步，爲侵佔華人之權利，以爲該公堂之現狀，不僅爲不平等條約所造成之荒誕怪物，即中國代表團在凡會和議席上，所要求取消之此等不平等條約，所規定外人應行遵守之條件，亦悉被破壞無遺，北京大理院，且不目上海會審公堂爲司法機關。中國官場之意，欲免除新怪狀，除立即收回會審公堂外，實無他策。

五卅案件　然而交還會審公堂之速，殊出大多數人之所料。蓋被一九二五年慘案催促所致。交還會審公堂問題，自一九一一年後，遂爲中國政治界及司法界所注目，五卅事件發生之後，並為民衆圍攻之的，一九二五年六月十六號，華人團體向工部局提出要求十三條，其一即為交還會審公堂如下：

『交還會審公堂，應即恢復完全與條約規定之情狀相符，華人依照中華民國刑律，或工部局警律，有被控情事時，應以中華民國名義，不得以上海工部局名義控發。』

一九二五年至一九二六年之談判　北京政府特派調查五卅慘案之中國代表，正式宣言謂：『欲求得上海華洋雙方之持久諒解，則交還會審公堂，或預定交還日期，實為不可或緩之舉。』一九二五年六月廿四號，中國政府，重作交還公堂之要求。是時駐京外交團，表示願繼續一九二四年之談判，磋商解決會審公堂問題，惟須將該問題分而開之，不得與五卅事件，相併討論，中國政府初表反對，但經若干討論，爭端即息，中國政府，乃特委派委員，以肩其事。嗣後法公使退出外交調查團，並有人提議，組織五卅事件萬國調查團，於是談判又歸停頓。一九二五年，十月七號，至廿七號，為萬國調查團調查時期，而關稅會議，亦於一九二五年十月廿六號開幕，治外法權會議，亦於次年春間舉行，此種種緊要事件，遂為人所注意，而會審公堂問題，竟被束之高閣而不談。然而萬國調查團調查之結果，不曾授交還公堂問題以新生命，蓋問官莊新氏之報告，謂華洋當局，應即從速磋商，確定會審公堂之地位及性質，面高芝氏除歷述華人對外不滿及排外思想各原因外，亦謂會審公堂問題，久不解決爲非計，是故不久，談判重新進行，華方代表提議，於交還公堂協約內，置附若干條款，而是種條款，間有爲條約國所不能承認者，因之於一九二六年春間，談判又歸停頓。一九二六年四月，淞滬監督兼大上海市長丁文江氏，及上海特派交涉員許沅氏，秉承政府意旨，與領團磋商，就地解決會審公堂問題，雖交還協定草案，宣佈之後，引起中外雙方之反對，而八月卅一號省政府人員與領團簽定之協定草案，竟於一九二六年九月廿六號，得條約國駐京公使及孫傳芳之批准。

交還協約之研究　一九二六年交還協定，就會審公堂之性質及組織上，僅能予以些微之更改而已，若以一九一一年以來所經之變遷衡之，相去尚遠，未足言交還也。雖現在上海臨時法院，不能仍如前此之會審公堂之可視爲外國法庭，然仍未足爲完全中國法庭，蓋該院至今仍有多少之外人勢力盤據焉，試略翻閱交還協定，即知所謂交還，特一種和解辦法而已，非交還也。協約規定，臨時法院有權受理，除應由領署審問之案件外，租界內一切刑事及民事案件，至於與租界治安有關之刑事案件，及被告爲享有治外法權之外人僱員時，則領袖領事，得派委觀審員一人觀審，此觀審員之權限，現經刪削，只可對於華官之判決，表示反對，不能仍如前此之固持，華官判案，須得其同意，方爲有效。現在觀審員，非得中國問官之准許，不得向證人或罪犯，加以盤問，民事案件之與外人利益有關者，或係工部局爲原告者，及享有治外法權之外人爲原告之刑事案件，關係國領事，或領袖領事，亦得委派觀審員觀審，完全爲華人之民事案件，與外人利益無涉者，則由華法官獨自審問判決，外人不得觀審。現在臨時法院之院長及法官，與高等審判廳法官等，皆由江蘇省政府任命，不必先徵外人之同意，薪水亦由省政府發給，非如前此之由領團發給也。之數端者，殆即一九二六年協定之成功，蓋可減削陪審官之勢力，而使公堂較似中國司法機關。

臨時法院之缺點　雖然，協定缺點之多，亦甚顯明，此種缺點，實爲華人所不滿，而公堂之仍未能成爲完全中國司法機關，亦即坐此。其間最緊要者，莫如領團代表，仍有權觀審，並對判決表示反對，中國英文週報曾謂，『就法而言，領署人員之在中國法庭觀審，在條約上無根據，在公文上無特准』。(見一九二八年十月十號之中國英文週報) 次則工部局之有權管理公堂事務，亦爲緊要缺點之一，協定實授工部局巡警以大權，舉凡公堂各監牢，除拘留所及女監外，皆在該局管轄之下，所有傳票，拘票，及公堂命令，皆由司法巡警執行，而此司法巡警，亦由工部局巡警內指派，對公堂負司法事務全責，保守公堂安全之責，亦歸巡警。總而言之，公堂全部事務之進行，實賴工部局巡警，爲之傳達，無怪乎華人對此，嘖有煩言也。此外又有外人爲公堂之大寫，管理財政及公堂行政事宜，此大寫由領團保薦，由江蘇省政府任命，理論上，院長雖有權監視及節制，而事實上，殊未能轄制之，非得領團之同意，並不能停止其職務，因此大寫遂得侵越大權，並有領團，工部局，及工部局巡警等爲之護符，協定雖規定，中國各處現行之主法及手續法，得適用於臨時法院，惟因附有協定之條款，及會審公堂訴訟之成規，亦須兼顧之限制，中國法律，遂不能在臨時法院，固持其無上之威嚴矣。

『總而言之，協定之缺點，過於明顯緊要，足以遮沒一切優點，而使該協定公文，成爲無價值之廢紙耳。』—（見臨時法院院長何氏在一九二八年十月十號中國英文週報之言論）

臨時法院之交還　協定又規定，臨時法院成立三年之後，江蘇省政府，得提議脩改現行協定，惟須於三年期滿之六個月前知照，故一九二九年五月八號，國民政府外交部長，致同樣公文與英，美，法，荷蘭，腦威，及巴西各國公使，討論上海臨時法院問題，其中曾有一段，照錄於下；

『租界之司法機關，雖曾經變動，然該新機關之地位，仍屬不經，該機關之制度，依然混亂，有異乎全國各處其他司法機關，實爲不可掩瞞之事，此等怪異形狀，所予之不便，遂令各方人民，感受不滿，嘖有煩言。』

一九二九年六月七號，荷蘭公使兼領袖公使，歐敦梯氏，致覆文與中國外交部長王正廷氏謂；『外交團願與中國，繼續磋商前此上海之會審公堂問題，惟改組現行之臨時法院問題，似應由使館界就滬領團中派定委員，與中國政府代表，共同審查，審查之結果，須呈交各國公使，及中國政府，斟酌可否。』此文到後，王正廷氏於一九二九年七月三號，致第二次公文，與駐北平公使團謂：『不能接受派員審查之議，即請公使團，立即與外交部直接開議，俾問題得以早日解決。』是書於八月間付梓，以後如何，未能具述。

第六章　臨時法院之將來

外人陪審官之地位　上文簡述公堂之歷史，足知公堂之不能進行如意，實受外陪審官特殊地位之賜。早年之時，租界之內，並無所謂會審公堂者，後因髮匪時，情形混亂，逃入租界之華人日增，並有多數下流社會之各國僑民，及亡國人民流入，於是乃覺有設法庭之必要。一八六四年設立之公堂，起初尚無弊病可摘，僅爲洋涇浜以北，中國官府之衙門，或上海縣之北分衙而已，與條約利權，了無關係，爲中國設在租界之法庭，以資便利，前此華人案件，皆在城內縣衙進行，現在則在北分衙進行，中外互控案件之向在城內縣衙進行，而由領團之陪審官觀審者，今則在北分衙進行，而由原陪審官觀審。起初省憲並未承認此分出之公堂，道台亦未正式宣佈該公堂之條例，中國當局向目該公堂爲與道台之意旨不符，能隨便設置，亦能隨便取消。然而一八六九年之會審公堂臨時條例，尚未發佈之先，公堂地位，較之初立時，業已前進不少，中外雙方當道，業已感覺該公堂之重要矣。同時公堂司法範圍，亦已推廣，而外陪審官，又自命爲公堂席上較緊要人物。及一八六九年，公堂臨時條例發佈，工部局對於新條例保存起初原理，容留公堂中之中國份子，大爲不滿，（見附錄）柯屯諸夫之意，以爲斯蓋半因駐京公使團，爲其前任所持政策束縛，半因各國政府訓令之限制。

『此種訓令，與英人之個人自由思想，及安格魯散克孫族平等精神，殊屬相宜，惟以之施於各國僑民會聚情形混雜之上海，實嫌不合，蓋訓令固守中國自有權能治其國民之成見，而不想及外人租界特殊情形之下，難以施行也。』

外人中曾有人異常痛恨，與外人利益無關之一切刑事案件，須完全由華問官判決，而保持外人在公庭席上司法尊嚴之舉，絕不預爲之計，一任陪審官個人，在複雜之條例內，尋求庇護外人居民正當利益之方策，自此之後，公共會審公堂，成爲公使團及領團之難題，公使團如佈魯斯氏者，深知界內華人，應完全受中國官長節制，與內地華人相等，領團則固持界內一切案件，姑不問其罪犯爲華人或係外人，皆與界內居民有密切關係，於是北京公使團，及上海領團，遂各走極端，互相對壘，相持不下，旣無和解之方，爭執乃不得不於公堂內進行之，是以上海外人，事事乘機，侵佔華人利益，迨至一九一一年，竟獲統轄會審公堂全權，自一九一一年之後，直至一九二六年，每案判決，不問其案件是否涉及外人，及外人利益，陪審官皆須與分，且陪審官不僅觀審，實際上等於把持審案及判決各特權，外人在公堂之勢力若是之甚，遂使公堂之所以爲中國公堂，連模影亦喪失無遺。基敦氏之言曰，『外國領團之舉動，逾越條約範圍，十五年之間，(即一九一一年至一九二六年)中國創設之中國法庭，因當地逐步之變遷，完全失却其本來面目，其日行事宜，完全與中國司法制度相背，此等荒怪現狀，日出現於滬海人士之眼簾，然而不足怪也，必要律之自然發展，本無惡不可爲也。』

外人之爭執　今試略述如慕雷氏所謂鮮明侵奪中國主權，(見慕雷氏之 *Our Far Eastern Assignment* 第九十六頁)外人所具之理由，完全爲華人之民事案件，外人則謂爲欲免除腐敗行徑，及保障公衆利益起見，應由陪審官觀審。然而所謂外人利益者，既可謂凡與外人個人，外人團體，或外人商行，有關之案件，此等案件之判決，須與外人有利，則究竟何者爲華人利益，何者爲外人利益，實不易分其界限，完全爲華人之刑事案件，外人又謂界內刑事案件，與外人有密切關係，若不嚴辦，殊與居民之安全，產業，及幸福有礙，故應由陪審官觀審。至若事涉華洋之民事或刑事案件，則外人更可根據一八五八年天津條約，第十七條之規定，領事與中國官長，共同審查案情，公允判決。柯屯諾夫氏，則索性謂；『此條之規定，足可爲會審公堂之基礎，以後其他條約，及一八九六年土地章程第四條之規定，皆不必問及，』（見柯屯諾夫氏之*Shanghai: Its Mixed Court and Council*第一百七十七頁）

外人爭執理由之研究　完全爲華人之民事案件，自一九二七年，臨時法院成立後，陪審官即已退席，不再觀審，故不必討論。完全爲華人之刑事案件，及事涉華洋之案件，至今臨時法院，仍有陪審官，與華法官並坐觀審，華人之意，以爲此種現狀，有損中國之尊嚴，爲領團干涉中國司法之汚點。

事涉華洋之案件　茲先論事涉華洋之案件，此等案件，陪審官得依據條約，陪座聽審，柯屯諾夫氏及交還協定公文中，所指之條約規定，當係天津條約第十六及第十七兩條，照錄於下，

第十六條　中國臣民，對於英國臣民，有刑事罪犯行爲時，中國官府，應即捕拿，依照中國刑律嚴懲。

英國臣民在中國境內有刑事罪犯行爲時，應交領事，或其他奉委之英國官員，依照

英國刑律審辦，兩方皆應公允判決，不得徇私。

第十七條　英國臣民欲控告中國臣民時，須向英領署訴稱控告理由，領事當斟酌案情，和平解決。中國臣民有控告英國臣民情事時，英領亦必詳審案情，謀友誼的解決，但若案情重大，非英領所能和平解決，則當尋取中國當道之輔助，共同審查案情，公允判決。

由是觀之，上兩條所規定，爲兩種事蹟，殊爲明顯，第十六條，乃論懲辦刑事案件辦法，華籍刑事犯，適用華律，在中國公堂審決，英籍刑事犯，適用英律，在領署公堂審決；第十七條，乃論中英臣民之民事案件，依條約之規定，每逢此種民事案件發生，無論原告爲華人，或爲英人，英領皆當細察案情，以謀解決。第十六條，僅爲對於刑事案件治外法權之普通規定，與陪審官在上海會審公堂之地位，絲毫無涉，細玩兩個條件之文義，則第十七條並未含有設立任何形勢之公堂之意旨，在刑事案件上，尚言明英國刑律之取用，在民事案件上，則並法律二字，亦未提及。當時脩訂條約者之意旨，當只想及彼時之領署公堂，（見附注）而未嘗計及遲至一八六四年始行成立之會審公堂也。是故不能謂一八五八年天津條約第十七條，實際上可爲會審公堂之基礎，而一八六九年會公審堂之臨時章程，與夫一八七六年之煙台條約，亦皆未能證實其說。柯屯諾夫氏之言曰，『以後條約之安排，及一八六九年臨時章程第四條，皆不必問及，』斯言也，足見柯氏自相矛盾矣，明達如愛爾確格氏，及麥特赫斯特氏，（二氏爲手定一八六九年臨時程章之人）超逸如魏德氏，（魏氏爲商訂煙台條約之人）豈能頓虧若此。至於對華重新要求，業己由條約取得之權利耶？

附註〇一種辦法爲議案所許，並爲習俗上所常行者，卽各公堂對於民事案件，可以和解或公判辦法，解決任何未決案件。（見本書著作人之*Studies in Chinese Diplomatci History*第三十九頁）

中英條約中，倘有談及此事者，厥爲一八七六年煙台條約，此約第二段乙款謂：

『一八五八年中英條約第十六條，規定中國臣民，有刑事罪犯行爲云云，及英國臣民，在中國境內有刑事罪犯行爲時，應卽拿辦云云，今欲求履行此條約之義務，英國政府，特在上海設立高等審判廳一所，中國政府，特在上海設立會審公堂一處。』

第二段丙款謂：

『茲因兩國法律不同，只有公理一條，可爲在華華洋訴訟案件之依歸，卽視被告者爲何國之人，卽赴何國官員處控告，原告爲何國之人，其本國官員，只可赴承審官員處觀審，倘觀審之員，以爲辦理未妥，可以逐細辯論，庶保各無向隅，各按本國法律審斷，此卽天律條約第十六條所載會同二字本意，以上各情，兩國官員，均當遵守』

照以上二款意義而論，當係專指刑事案件而言，蓋曾二度提及天律條約之第十六條，而未嘗一及該約之第十七條，若以爲此二段意義，包括民事案件，是爲牽強之至，况此兩款，僅論治外法權之普通原則，並未授會審公堂以何法定地位，陪審官僅能觀審，爲公理之保障而已，由是言之，交還協定內所指之條約，究不知何所據而云然，協定之所載如下：

『事關享有治外法權外人之案件，或工部局爲原告之民事案件，及享有治外法權外人爲原告之刑事案件，關係國領事，或領袖領事，得依據條約之規定，委派人員，與華法官共同審斷。』

完全爲華人之案件　完全爲華人之案件，無論民事或刑事，條約上，更無絲毫之憑藉可使外人派委陪審官觀審，不待贅言，觀審亦無憑藉，遑論中國法官之判決，須與陪審官同意，方爲有效耶？界內刑事案件，及公堂舞弊情事，與租界之治安秩序有關，固屬實情，然此僅可作爲要求利權之談助，不能竟視爲破壞條約之合法手續，或理由也。假使條約之神聖，可以有礙公正利益之遁詞，任意毀棄無遺，則國際條約，更有何種保障歟？

工部局巡警及外國大寫　工部局巡警對於法院之管轄權，及外國大寫所操法院行政之大權，亦爲華人攻擊之的，大寫在法院爲領團及工部局之代表，不全受法院院長之節制，此種局面，實爲怪異，某院長謂，『法院中事涉外人之民事及刑事案件機關，直接在大寫管轄之下，該兩機關所有僱員，亦强半爲外人，華人僅居少數，』是該兩機關，形同與法院脫離，而成另立之機關矣。至若工部局巡警，則更爲法院之緊要難題，交還協定所予該巡警之大權，實是以制法院之死命：

『現今法院之命運，實繫諸巡警之手，無論何時，巡警若撤消其合作及輔助，法院事務，即須全部停頓。即巡警許與法院合作時，所謂合作，亦無誠意，不過秉承領團及工部局之意旨行事而已，』（見何氏在一九二八年十月十號中國英文週報之言論）

『依一九二六年交還協定之條款，工部局巡警，應輔助法院行政事宜，而巡警內指出派定之司法巡警，應直接受法院之節制，奉行職務。協定又載工部局巡警捕拿人犯，須於廿四點鐘內，解至法院審問懲辦，此種規定，約束巡警之權限，殊爲明了，然巡警對之，漠視殊甚，任意從違，雖理論上，對於法院命令，悉應奉行惟謹，而事實上，抗抵命令之事，實數見不鮮，即純粹司法事務，亦多秉承工部局，領團，及觀審員之意旨，而漠視法院，顯分軒輊，輕侮法院權能之事，日積月累，法院案牘，爲之充斥，不能盡述，故敍數端，以實吾詞』(見何氏在一九二八年十月十號中國英文週報之言論)

以上所言，非是憑空搆造，是有事實可徵。何氏並詳述巡警輕侮法院權能之情形如下；

『交還協定所載，法院傳票，拘票，及各種命令，皆由巡警傳達執行，只須法官署名，即爲有效，此款之精義，即非得法院簽署之允許，巡警不得擅行闖入官員或人民私宅搜査，然而事實上，適得其反，巡警不特漠視協定條文，直似不知有法院之存在，』

此外何氏又歷敍巡警擅行闖入中國評論報割斷電燈，電力，並入浙江實業銀行，作同等行爲，此外更闖入中國政府外交部之駐滬通信處搜査，事前皆未得法院之允許。此後何氏又作結語如下：

『巡警對於法院之局面，可制該院行政之死命，吾人應急行注意，若不於此端，大加改良，法院之權能，勢必至完全掃地也。』

工部局巡警及外國大寫之討論　爲外國大寫先驅之練習員，及工部局巡警，於一九〇五年爲始，進入公堂行使職務，租界當局，對於二十年間，因公堂問題競爭，所獲之勝利，不肯輕易交還中國當道，證之交還協定全文，實非虛語：

『一九〇五年，工部局巡警之進入公堂行使職務，實爲激起是年會審公堂問題暴動風潮之主要原因。工部局之爭議，謂公堂讞員之得以代表內地官員在外人租界內行使職權，實由各關係國之友誼的許可，因此在界內限制的範圍內，雖得施行其治理華人之法權，而統轄租界之行政權，不能授之中國當道之手」(見一九〇五年四月廿九號工部局致海關道之公函)

若謂此項爭議爲合理，則工部局早應將界內之行政收管矣，倘俐如上海租界工部局，而至久不取獲其利權，殊爲可異。工部局巡警，在公堂行使職務，在普通情形之下，亦不至爲華人反對若是之甚，惟行使職務云者，並非純爲輔助讞員，較對差役責打罪犯數目，及報告舞弊情事，因此遂被人視爲擅行闖入之閒人，不是奉行公堂義務之巡警矣。況又每每與陪審官通同一氣，反抗孤立無助之中國讞員，至使中國公庭華官之權限，强被侵佔殆盡耶？且工部局之爭議，謂讞員之得以住居租界，行使職權，爲待各關係國友誼的容許，此種言詞，乃不合條約之意義，强詞奪理，欲遂其設置巡警，外國大寫，及外國行政人員於公堂之私而已。一九〇五年，中國道台强烈反對宜也。道台謂『，土地章程，固明言中國衙門公使廳，及天壇，並公堂內外，皆完全在中國官員管理之下，』基敦氏對此，亦承認謂，『根本上，中國地位，實該如此，惟各地對於會審公堂進行事宜之協議，間有放棄之處耳。』就歷史上言，會審公堂，爲道台所手創，道台亦有權取消之，讀者當倘能憶及，初議設立公堂時，公堂之性質，及公堂條例之作用，曾經若干困難，始獲道台完全之諒解，亦能憶及，一八六七年之情形如何，遂使道台滿擬將會審公堂關閉，是以對於工部局謂，讞員之得以步入租界，實由各關係國友誼的容許，此種爭議之是否切合事實，讀者當能自下斷詞，不勞著者饒舌也。若謂讞官之來，乃經領團之請求，勉承租界當道之願望，則較近乎眞義。設使中國當局，決定將公堂遷歸內地，一切案件，皆在內地審斷，試問有何方法阻止之。煙台條約之偶然帶及會審公堂，不能遂視爲中國政府之義務，應在租界內，長此保持公堂之現狀，而無論如何，外交團當亦不至應允在租界內設立外國或國際法庭，屬工部局統轄，受理界內華人之案件也。

法院之將來　中國政府與外交團之臨時法院會議，不久當能開議，是時法院之命運，又必爲世界各國所注目，自華人眼光觀之，臨時法院之試驗，實不能謂之爲成功，即自外人眼光觀之，字林西報亦謂：『除刑事案件外，臨時法院之機能，對於華洋訴訟案件，缺憾實多，公堂判決之履行，異常紆緩，其結果，遂令涉訟者，雖獲勝訴，恆有仍未能取得公堂判與之利益』。（見一九二九年八月十三號字林西報社論）討論法院將來之前須明了法院與租界之命運及歷史有莫大之關係。蓋法院與工部局，二種機關有連帶之切近關係者，爲時計有六十五年之久，法院每有變遷，首先受其影響者，爲工部局，所以法院若有危急，工部局應力圖補救，不可袖手作壁上觀，一旦法院喪亡，最哀痛者，亦爲工部局，字林西報主筆，見及法院完全脫離外人勢力，足以根本影響工部局在租界內一切法權，焦慮之下，竟謂臨時法院爲地方一部份之公庭，然下文又謂法堂之本身，及法官之任命，乃全國政府之事，與當地地方官長無關，此等自相矛盾之處，當係急不擇言，遂至前後顛倒耳。華人之願望，光明正大，無事隱瞞，試述如下：

『法院必須設法保其尊嚴，護其純粹司法機關地位，臨時法院協定期滿之後，應即脫離工部局巡警之羈束，另組獨立之司法巡警，直接隸屬法院管轄之下，庶幾不至仍仰工部局巡警之鼻息，以圖生存。協定期滿之後，應即取消，法院全部，應由華人收回，外員觀審之例，應即廢止，其他一切外人勢力，如外人民事及刑事處，並外國大寫之職位，皆應剷除，以上所言，除非逐步皆能實現，法院實無清除外人勢力，而成為純粹之中國司法機關之望』（見何氏在一九二八年十月十號中國英文週報之言論）

此種情狀，上海外人，必大表反對，然而不問外人在日報上鼓吹之恐嚇手段如何，奸計如何，竊恐工部局終未有此胆力，在界內設置工部局警務公堂，處理華人違警案件，但華人另組獨立之司法巡警計劃一時恐亦不易實現，則在若干時期之內，仍惟有出之折中辦法一途，法院成為符合中國司法制度之純粹中國司法機關，或尙在三數年之後也。在一九二七年前，爲會審公堂之臨時法院，在普通司法機關內，雖形同怪物，然其緊要，則甚重大，其權力亦甚高超，蓋其位居遠東在最大之商場，爲殷實及各國羣聚之商人伸公誼，此法院每年所審斷之案件，較世界任何公庭同時所審斷者爲多，其對百萬有餘之人民生命財產之司法權能，幾無限量，則各方應如何斟酌盡善，庶幾勢所不免之變遷，可以達到，而上海之發達，及其經濟狀況，仍不致感受影響也。

第七章　推廣租界及界外道路

租界之推廣一八四八年至一九一五年　條約中有一事令人不能致辯者，即外人在中國疆土上指定之處，有居住，購地，建築之權，而所謂指定之處者，即條約中規定之通商口岸是也。除此之外外人曾經承認，對於其他權利，連推廣租界亦包括在內，中國當局皆得主持異議，而加問難。上海於一八四三年十一月十四號正式開爲通商口岸之後，未久，即經中國道台與英領巴爾福，共同商定租界之界限，界內基地，約佔面積一百五十英畝。外人之要求推廣租界也，動輒以擁擠不堪，不能容納爲由，而所以擁擠不堪之故，蓋由外人自已疏忽，一任華人自由遷入租界居住，雖有章程之規限，而不加以阻止所致。就上海公共租界而論，外人之漠視限止華人遷入租界之條規，蓋出有意，而與華官之心願相反，一八四五年之土地章程第十六條，曾有華人不得將租界內之地產房屋，售與或租與華人，外人亦不得在界內建造房屋，以爲租與華人之用之限制，迨至一八五四年脩訂土地章程時，此條即已删去矣。

條約之規定爲如何，租界擁擠之情形爲如何，皆可不問，蓋外交界以壓迫中國手段並，以脩正租界界限爲由，將租界大加推廣，第一次爲一八四八年十一月，第二次爲一八九三年六月，而一八九三年推廣虹口西北界限之役，曾經若干困難，蓋當時華官及一部份之華民，皆大加反對也。且此次之推廣，仍不足供外人實在之需，華人因界內較爲便利，故樂於遷入居住，用是界內華人經營之麵粉廠，繅絲廠，及其他工廠之數目，日漸增多，於是各方面又感覺若欲使上海變爲一大規模之緊要商場，仍有推廣租界之必要，故一八九六年一月三號，工部局又予領團一函，請其設法幫同要求推廣，以應發展之需，嗣因當時華官及士紳並無反對態度，乃又增改一八九六年之要求，而將西部附近極斯非而路之大片基地，一併包括在內。維時法使大表反對，謂公共租界推廣之要求內，含有擬作法界之區域，經此傾軋，事遂停頓，不能進行。斯時中國政府對於法租界及公共租界希圖推廣之舉，皆極反對，而公共共租界爲尤甚，蓋公共租界所擬之推廣區域，括有人煙稠密之寶山縣屬，而寶山縣在條約上固非通商口岸也。是時因法使之糾葛，故中政府之反對，反爲公共租界所歡迎，蓋可藉此收蓬，以爲拖延之計，後來爭端，由英法政府解決，於是英法美德四國公使，致同樣之公文與總理衙門，强迫中國政府下諭南京總督，准許推廣。一八九九年四月十三號，總理衙門口頭通告使館界，謂已下諭南京總督，准許公使團之請求，着其照行。卜芳濟君謂，『中國此次之甘於承認推廣租界之要求者，蓋經中日戰事大敗之後，不敢開罪於外人也。』一八九九年七月上海工部局已得中國政府允許推廣租界之通告，是時上海道台又在指定推廣區域內，張貼告示，准許工部局徵收稅捐，並施行統治權衡，租界經此次推廣之後，面積由二另百分之七十五方英里，而躍至八另百分之卅五方英里，陸地界線之長，由六另百分之四十三英里，而增至十一另百分之十三英里，蘇州河及黃浦江水面界線，由三另百分之五十英里，而展至九另百分之七十六英里。當時有一著述家曾謂，『租界經此次推廣之後，與原有之面積較，不啻倫敦與當時之上海較也。』法界同時亦大加推廣，所可異者，英政府之意，尚覺不滿，一八九九年五月十二號，英外長色列斯比黎侯爵，致北京英公使訓電云，『現在擬定之推廣租界區域，該公使姑可同意，予以承認，惟須注意者，沒有使吾人應諾，將來不得向寶山縣屬及其他方向伸張之限制，則不可加以同意也，』云云。蓋英商在華投資不少，而上海為商業中心之地位，又日見重要，故英政府注意該處將來之發展，亦勢所使然耳。

工部局在推廣區域內，開始建築馬路時，曾感若干困難，因華人反對該局移墓遷拆，一時竟乏滿意之解決。一九〇〇年工部局地產局成立，着手估計界內各區地產之價格，以便酌定稅率，徵收地捐。一九〇〇年三月十三號，推廣區域內估價手續完竣，為該局增加歲入不少，謂予不信，請觀下表：

年份	英租界	虹口	估價總數	稅率	地稅總數
一八六九	四七〇七五八四兩	五六一二四二兩	五二六八八二六兩	四百分之一	一三一七二兩
一八七四	六一三八三五四兩	一八五五四九七兩	七四九四三〇一兩	千分之三	二二八四三兩
一八八〇	六一一八二六五兩	一九四五三二五兩	八〇六三五九〇兩	千分之四	三二二五四兩
一八九〇	一二三九七八一〇兩	五一一〇一四五兩	一七五〇七九五五兩	千分之四	七〇〇三二兩
一八九六	一一五三二五七三兩	一〇三七九七三五兩	二八九一二三〇八兩	千分之四	一一五六四九兩
一八九九	二三三二四七七六兩	一四三二〇五七六兩	三七六四四七五二兩	千分之五	一八八二二四兩

一九〇一年十月，道台出示於工部局與西區鄉董及鄉紳，直接商購基地，建築道路之便宜，對於北區，工部局曾作同樣之要求，惟道台以工部局擬填塞河浜，有礙農民耕種事業，

並爲輿論所不直，不敢應承，蓋所定新路，又須穿過一義塚也。嗣後工部局屢次以書要求，爲時亘二年之久，同時領事團，又以壓迫手段相加，故道台祇得勉強承諾，於一九〇四年七月出示，許工部局直接與華人業主商購基地，建築一九〇二年及一九〇三年在北東兩段區域內劃定之道路。一九〇六年工部局未經華方之許可，擅行測繪接連租界之寶山區域地圖，雖經道台之巨烈反對，而該局置若罔聞，進行如故，直至測繪完竣。蓋工部局之意，以爲斯舉，乃爲謀華洋民衆利益上不可或少之着，此後數年中，租界北區邊界上，遂因警權界限不清，屢起爭端，一九一二年四月，中國政府反對工部局管理界外外人之產業，及在海司格爾路安置陰溝，並在北四川路設置工部分局，而工部局又以爲此乃時勢所迫，不得不然之舉。

一九一四年七月十四號，法國總領事宣佈，謂已與華方當道商得推廣法租界之諒解，於是公共租界工部局，又以爲時機已熟，宜與華方當道商議，向寶山縣推廣，將閘北及極斯非而路即曹家渡等處，圈入租界，一九一五年三月廿三號，納稅人會議，全體贊成，起草由領團咨京，要求中國政府及公使團批准，英公使且竭力要挾中國政府承諾。惟當時中國政府，已覺容許外人在中國疆土上設立自治機關爲非計，不願更予該機關有發展之機會，態度強硬，不爲英使所動。一九一七年八月十七號，中國加入協約國，向德奧宣戰，迨一九一九年凡爾賽和議開議，中國代表團乃發表言論，謂中國因有外人租界之存留，遂有循環不已之推廣租界問題發生，每當界內居民增加，商業發達，應需新發展時，輒向中國政府要求，推廣租界，惟中國政府，一因界內領團及工部局行使最高法權，二因要求推廣區域內華人之反對，不得不有躊躇莫決，未能毅然允如所請之處，此種困難情形，外人對之，微特不予以同情，且時加憤激之辭，等語。此外中國代表團又將在華外僑，不必將租界變爲中國獨立國家內之多數小獨立國之情狀，而損及中國主權，並土地完全各原因，逐條解釋後，乃作結論，謂因此中國政府，以最誠意之願望，請求在中國設有租界之各條約國，允諾將各該租界交還中國，俾中國土地主權，得以保全云云。中國在凡爾賽和議席上，既有此種要求，而一九一九年以後，世界之政治及社會情形，又大有變更，則不能再望中國政府予外人以有損中國主權之利益，明如觀火，而外人之自由土地發展計劃，圈入閘北各區，使上海變爲遠東最大之商務中心之欲望，在勢亦不能不拋棄矣。如租界果有刻不容緩，應需發展，一如工部局及領團，致中國當道公文中所言之情形，則上海外僑，須另尋門徑也。

工部局在界外建築之道路　一九一五年至一九一六年之談判，既經失敗，工部局乃以他種方法，求遂其擴張之欲，即在界外築路，因而獲得一種之權利是也。故自一九一六年爲始，每年工部局預算案中，皆提出一筆的款，專爲界外築路之用，而該款之數目，且逐年增加，茲將一九一六至一九二五年，工部局逐年提出用於界外購地築路款項數目，列表於下：

一九一六年　二萬一千五百六十九兩三錢八分
一九一七年　十一萬四千九百兩〇〇二錢四分
一九一八年　二萬三千四百七十二兩六錢九分
一九一九年　一萬七千七百廿一兩五錢七分
一九二〇年　八千五百十三兩九錢一分
一九廿一年　二萬六千〇〇五兩九錢六分
一九廿二年　七萬〇七百廿八兩八錢一分
一九廿三年　廿一萬五千五百八十兩〇九錢六分
一九廿四年　卅一萬六千一百〇七兩七錢六分

一九廿五年　七十五萬三千九百六十兩〇二錢

當一八七一年時，中國政府經外交團之壓迫，乃放棄工部局在界外建築各道路之地稅，然而當地華官，則仍不肯放棄各該道路之管理權，情願負担修理及維持各費，而反對工部局收管。

一九〇五年以來，工部局在界外所建築道路上，有無法權，遂成爲爭論之原，工部局本身，則深信有此法權，華人則一律反對之，領團雖與工部局具同一之趨向，有時亦不能下決然之斷語，民國政府之態度，對於工部局以經濟侵略政策，將租界強制向中國內地發展，尤爲強硬反對，無通融之餘地，一九二二年九月十六號，上海交涉員復工部局之公文中，將華方之觀察點，言之淋漓盡致，茲特選錄一段於下：

『吾人對於工部局復文中，所具強硬態度，不得不加以反對。內地及租界界限，曾經詳確規定，此次爭端，起自公平麵粉廠，而該廠地址，及附近房屋，完全屬於內地，該處且有中國政府正式機關，專司裝釘門牌，安設電線等事，無須租界當局，爲吾人代庖。況世界文化日進，公理日昌，而工部局動輒仍以「一照向例」一語爲唐塞，是仍固守其舊日之強權侵略主義，殊爲該局素稱文明進化之汚點也，」

然而中國方面之反對，租界當局，仍置若罔聞，以爲在租界西區界外建築馬路，可以鞏固租界防務，斯舉爲必要之需，日益顯明，蓋該處附近，又隨時有戰事發生之可能，因是擬定大規模之計劃，並已着手進行，惟不久一九二五年五月卅號之事件發生，斯事乃受一打擊，暫歸停頓。因當時中國政府十三條要求，條件中之第十條，卽要求上海工部局，以後不得在界外建築馬路，其已築成之界外馬路，應無條件交還中國政府也，嗣後該案經中國當道，與外交團之討論，惟談判並無結果，故自一九二六年六月以來，界外工部局馬路，雙方皆派遣巡警，行使職權。

總之推廣租界，及工部局在界外築路等重大問題，成爲中外爭端之焦點，抗議答辯無有已時。

推廣租界之討論　工部局當局要求，推廣租界之情形及手段，本書曾簡單論之，今可增加者，則所具手段，有時等於強迫壓制，按工部局要求推廣租界之原因，殊爲簡單，卽：

華人因界內種種利益，樂於遷入居住，因之華人數目，增加甚速，且工廠如麵粉廠，繅絲廠，及其他各工廠等，亦日興月盛，於是租界之面積，遂形不敷，擁擠異常，而外人與多數華人集密而居，於衛生上，殊覺危險。

吾人曾經述及，工部局於一九〇六年，未得華方之許可，擅行測繪租界附近，寶山縣屬之地圖，當時道台曾經質問，工部局究從何處獲得允許，在寶山縣屬購地築路，並使行政職權，而工部局竟置之不理，進行如故，將該處地段，測繪完竣，蓋該局之意，以為斯舉乃求華洋民衆幸福必要之需，外人柯屯奈夫氏為庇讓工部局，且發議論如左：

『就侵奪中國官廳權限，及中國土地主權而論，吾人並不謂工部局之強行測繪為正當。然同時吾人亦當諒解，工部局實逼處此，有不得不以任何代價，而求改良鄰近租界各內地區域衛生情形之必要，蓋此等區域，幾將租界壓沒也。外人勢力逐漸伸入中國內地，在外人眼光中，頗為公正，而在「必需」之法律上，又為自然之結果矣。』

柯屯奈夫氏又以華人不得與外人具同一之眼光為可異，而向中國當道作下列之告苦：

『一八九六年至一九一〇年間，工部局所具要求推廣租界之理由，其重要在外人視之，並無絲毫疑義，蓋皆與租界之幸福進步，有莫大之關係焉。而中國當道之屢次否認，不允所求，殆有意漠視外人之合法需求，斯時外人日處四周充斥死腐動物之租界內，不僅受瘟疫之恐惶，且須時受中國官府反抗之威逼，煩悶莫名。」

華人不介意於外人發展租界之事業，亦不甚注重於外人之所謂恐惶，斯言確係實情。惟華方之爭議，亦甚光明而簡單，租界之起源，本如條約之規定，爲中國當地長官與英領共同指定之基地，爲外人居住營商之所，則外人居宅，商行，及游戲所等，皆應羣集該處，而不應散處各方明矣。而外人除生活及營商上，應需之土地外，不應購買大片基地，作爲投機發財之用亦明矣。蓋界內基地，僅爲外人居住營商之用，並非爲外人投機發財之用也。條約曾未言明，租界內不准華人容留，未曾設爲租界之先，該處曾有華人居住至數代之久者，舉凡田園，產業，墳墓，悉在於是，若謂一經設爲租界，則此等華人，皆須趕逐出外甯有是理。惟從界外遷入，而有擁擠時，外人應得優先權，爲近情耳。條約並未規定，僑商加多，外人得以推廣租界，僑商減少，中國得以收縮租界，是租界之界限爲固定的，而外人欲求推廣時，必有眞不得已之苦衷，而具十分充足之理由，中國或可推情允許，並無應當答應之義務也。至於上文所言，工部局數次要求推廣，所具理由，華人之意，以爲租界擁擠之故，蓋由界內外人自已疏忽所致，華人之作是言也，殆根據某有勢力洋商，自詡之辭，該商謂：『吾之遠涉重洋，來華營商，目的在以最短期間，求致富之道，今將吾之地產租與華人，或建造華人住屋，可得三分至四分之利息，不幾爲投資最上之法乎，如是行之，最多兩三年後，即可發財，返國樂享優游，則以後之上海，或遭火焚，或被水淹，與吾皆無關係，吾何樂而不爲哉。』

毘隣租界之內地區域，汚穢不堪，不合衞生，及僑民住居四面充斥死腐動物之租界內，所感之煩悶，皆不足爲要求推廣租界之正當理由。一八九九年時，租界之面積，已有八另百分之卅五方英里之廣，是則外人之來滬營商者，已有此廣大區域，可以任意尋覓一寓居之處，若謂在此大片基地之上，竟不能覓得一滿意之點，必須擇與不合衞生之華界爲隣，而加中國官廳以非議，並作爲要求推廣租界之張本，誰其信之。吾人於此，又念及一段議論，謂工部局在界外築造馬路，及行使警權之舉，爲正當者，略謂：『多年以來，本局巡捕，經界外居住之多數僑民之請求，常在界外各該區域察視，行使警權，』云云。（見一九〇五年工部局報告書）

界外之工部局馬路一九一六至一九二五年　直接推廣租界之方法，旣經失敗，租界當局乃用間接方法，求遂其推廣之欲。蓋一經在界外築路，卽能獲得一種之利權也。吾人之意，以爲華方反對之眞意，乃爲此一種之利權，非爲界外築路之本身問題，故欲加以討論，必須將此二種問題，分別詳論。蓋工部局在界外建築馬路爲一事，而該局在各該馬路上，行使徵稅及警權，爲另一事也。前此各方面之討論，未能將此二問題之界限分淸，遂如試治亂絲，愈治愈亂矣。

工部局謂，有在界外無限制建築馬路之權，殆卽根據一八九八年土地章程第六條，該條除規定別項事件之外，又有下列之規定：

『租地人及其他本章程規條，有選舉權之外商，在開大會時，得議決購買租界邊境，或界外基地，或與中外業主商定地價，購買基地，以爲造路，或開闢花園，及公共休養游玩所之用。工部局亦得有權，隨時於本章程第九條，籌得之歲入款項內，提取相當部份，作爲建築及維持是項馬路及花園等之需，惟是項馬路及花園等，須歸公用，爲界內之居民謀公共衞生，游樂，及休養之幸福。』

一九一八年一月卅號，上海交涉員致領事團一函，反對工部局行使土地章程第六條，在界外築路之權，斯函乃爲中國當局，對於外人向來所享之權利之關係上，開一新紀元。就事理而論，此節殊難解决。蓋即以土地章程之效能而言，有謂該章程曾於一八九八年，經北京中國政府，及各國公使團批准者。而吾人曾於本書內，及述中國政府並無明確批准該章程之舉，南京總督又謂斯事彼不過問，應由領團與上海工部局直接商决，則此事問題重大，自不能視中國之緘默爲承認，因緘默爲消極的，而承認乃爲積極的，二者性質，截然不同也。即退一步言，姑認定一八九八年土地章程，爲曾經中國最高政府，各條約國最高政府，及各該國駐京公使團之批准，而該章程第六條之規定，僅爲租地人得有權購買租界邊境，或界外基地，以爲築路，或開闢花園，及游樂休養所之用，惟是項馬路及花園等，須歸公用，爲界內居民謀公共衛生，游樂及休養之幸福，可知製定此章程之人，與夫批准此章程之各政府及公使團，彼時皆未料及後來此等界外馬路之傍，竟有無數華人房屋，外人房屋，工場，工廠等應運而興，使用租界水電。且土地章程第六條，並無片紙隻字之嫌疑，可使工部局要求，在此界外馬路上有徵稅設警之權。若云章程曾寓此意，則解釋法必異常牽强，工部局固可謂估定界外馬路兩傍居民之地產價值，爲必要之舉，在各該馬路上設置巡捕，亦爲必要之舉。然吾人須知徵稅與設警，乃任何政府最高之行政權，卽無反對，亦當出之以愼，況有土地主權國政府之強烈反對歟。由是觀之，工部局之擅行此種最高法權，卽外商中，亦有非難者，蓋不足爲怪也。界外居住之外人，繳納捐款與工部局，乃出自願，並非義務，而工部局在界外馬路上警權，曾經外人強烈之非難。（見一九〇五年西班牙政府在駐滬西班牙領署公堂控告柯登案）

辯護工部局者，又謂，『工部局既有權建築界外馬路，自應有與馬路有連帶關係之徵稅設警權，蓋享有治外法權之外人團體，在界外馬路之建築及所有權，足能將各該界外馬路超出中國政府統治之外。』（見柯屯奈夫氏之上海工部局與華人第六十三頁）該段議論之上半，頗爲有力，較之土地章程第六條之本身，似勝一籌。中國當道，既濫於容許外人在租界以外，一八九八年土地章程，未曾規定之寶山區域，暫時租地，自然無法阻擋工部局在界外購買地基，而將所購之地，作爲建築馬路之用，又似甚佳之舉。惟下半段之理由，則殊欠充足，須知治外法權，乃對人民而言，對於物件，已不甚適用，至於土地，則更不適宜，一片基地，雖經租與或售與享有治外法權之人，作爲居住營商之用，而該基地之領土，固依然屬之土地主權國政府也，故一片基地爲享有治外法權之外人團體所購有，不能遂將該地超出主權國土地統轄之外。總而言之，租界之性質，與教皇宮及公使館不同，不能作爲獨立國中之小獨立區，地位過大，非公使旅舍所可比擬，若目租界爲教皇治，又無保證律可援，況此種議論，中國政府萬萬不能承認，一經承認，則後患不知伊於胡底矣。假令上海工部局長於資，而將隣近上海各處，吳淞港口，及浦東沿江各處，逐漸悉行收買，置於中國統治之外，中國政府將何以處之耶。以吾之意，不出二途：或收回外人得在界外購地之允許，此項允許，本係情商的，而非條約所規定的；或以任何可用之截止方法，不使外人勢力逐漸向內地伸張而已。中國當道之意，以爲工部局間接推廣租界之法，不僅富於侵犯性質，抑且佮利無比，先則在界外造一有利無弊之馬路，繼於該路內安設水管，供給自來水於兩傍華洋居民，後又裝置電線於兩傍華洋居民工廠，以廉而便之電燈電力等便宜，於是乃與華人用戶言明，『對於租界工部局，有激納稅捐之義務，惟所納稅捐，不得超過租界內同樣用戶所納之數目，』（見一九〇五年七月一號自來水合同）而對於閘北華人自設自來水公司，工部局又加以巨烈之反對。（一九〇九年）至於警備問題，該局極端反對，中國官廳在界外工部局道路上行使警權，謂乃侵犯該局利權，緣該路兩傍居民增加，工業發達，情形上有由該局行使警權之必要，而中國官廳之競爭，蓋屬愚而無知也。於是中國當道，允許工部局在界外購地築路，遂等於自奪徵稅設警之權，拱手送之他人，而斷絕將來華人自設工部局發達後以水電供給於一日增月盛工業中心之望。吾人固不欲將工部局之要求，一概置之腦後，然工部局亦不能望中國當道常甘屈服於自殺政策，而不求解救之方也。

討論至此，當知推廣租界，及工部局在界外築路，並行使警權等問題，非專恃法理可得解決之方，蓋其中有多量之政治關係存焉。華人素不欲見工部局權限之增加，而屢求截阻之策，近來華人之愛國觀念，增長甚速，遂益注意於外人之勢力。所謂依自然必須之趨勢，逐漸伸入中國內地。欲求避免此商務發達，營業中心，將來發展之障礙，及免除無謂之爭端，則有急不容緩者，各方當道，應將界外工部局馬路之法定地位，求一較現在爲正確之明了解釋，蓋就目下情形而論，一時尚無甚希望將各該馬路完全收回也。然而問題雖難，使各方當道皆能平心靜氣，出之以遠大之眼光，處之以文明之態度，未必竟無解決之途徑。換言之，卽外人方而，誠能具與前美國駐華公使舒門氏，(*Dr. J. G. Schurman*) 相同之觀察：卽『中國境內之外人租界，終有須完全交還中國之日，』(見舒氏一九二四年五月廿二號演辭)而同時華人方面，使亦能激良知之覺悟，早爲之備，以便將來得以任重若輕，則中外之間，自有一種相互之信任，本授受之精神，求合作之美事，而上海之多少重大難題，亦得迎刃而解也。姑擬一具體辦法，以實吾辭，若上海租界自來水公司，隨時予華人以參加機會，不幾何時，而華人對於該公司之興味，將與外人相等，卽將現在之閘北自來水公司，與該公司合併而組織大規模之上海自來水公司，無不可之理由。是時華洋既合作矣，而兩方所設之自來水公司又合併矣，則界外自來水供給，自無爭執，是一重大難題，已於無形中解決矣。工部局電氣處，亦可以相同方法改組，使成爲一全上海之惟一電氣處，則又有若干問題，可以無形解決。故此次工部局之出售電氣處也，未予華人以參加機會，實爲至不幸之事。至於最要之巡警問題，仍未嘗不可以合作之精神，求解決之方，或由當地中外巡警，互相合作，互相諒解，或另由華租當局，合租特別巡警隊，皆足以息爭端。種種難題，皆經解決，則爭議自然消除，而界外馬路之煩悶問題，人將不復憶及之矣。

第八章　治理租界與工部局

上海乃一大而奇特之城，為世界緊要商業中心之一。

『初至上海之人，若有人告之曰，公共租界及法租界，在一八四三年時，尚係低濕泥岸，僅有少數華人村落，散處其中，則此人必驚異不置，蓋自一八四三年至一九二七年，為時僅約八十五年而已，而上海進步之速，實有出人意外者。

生活情形，日益繁雜，外人之產業，與華人之產業，纏結一處，華人之經濟勢力，且日漸澎漲。今日之上海，已成繁盛之區，非復往年之少數居民集合體，所可比擬，房屋之高敞，道路之寬廣，碼頭之宏多，商業之興盛，工廠之繁衆，交通之擁擠，不可言喻，而統治者，乃為一組織有序之工部局。然此繁盛之上海，將來之命運如何，讀者輒願知之，惜乎不在史家範圍，著者未便妄加斷語，僅可就事論事，得一抽象之懸揣。工部局自許華人參加以後，租界治權，開一新紀元，上海後此之命運，強半似繫於該局華洋董事之手，如華洋董事，能却除向日中外互相反對，互相猜忌之積習，而出之以互相信任，互相合作之精神，則後此之公共租界，當能一如往日，進步不已，蔚爲世界最大工商中心之一，而予中外居民，以同等之利益也。』（見卜芳濟氏之上海史第一頁及第三百一十頁）

本書選錄此段，作爲討論之基。

神速之進步　八十年前之上海，無關緊要，一與中國其他城鎮相同，而今日上海二字，遂常出現於世界各國之商務及政治新聞中，非遠東其他城市所能企及。按海關報告，一九二五年內，上海一口貿易總數，爲關平十二萬萬兩，約等於美金十萬萬元，英金二萬萬磅，廿五年前，上海之貿易總數，爲關平二萬五千萬兩，五十年前，爲關平一萬萬兩，五十年前進出上海口船隻噸位，爲三百萬噸，現在則增至三千二百萬噸。一八四三年外人租界初設時，上海乃一中古時代式，有城牆之一中國小縣治，於中國無關緊要，於各國更無緊要之可言，今日之上海，爲亞洲最新式最緊要之口岸，佔面積十二方英里，有良好之馬路二百五十英里，水岸之長，爲十五英里，江中可容最大之海輪進出停泊，今已售與上海電力公司之工部局電氣處之力量，爲十五萬匹馬力，雖大上海居民之總數，未能確知，大約當在二百五十萬至四百萬之間，而据近來中國當道之調查，謂確有居民二百七十五萬人。

上海得以神速進步之緣由，不難索取，蓋位居長江之口，爲中國之門戶。長江水道可通輪航者，約一千二百英里，幾爲佔面積五十萬方英里，佔全世界人口十分之一之區域中之惟一交通要道。上海既具若是之地利，卽無外商經營，亦必早已變爲緊要大城，卽使外商盡行退出，一律返國，上海仍將長守其大城之地位，蓋上海不得不爲大城，正與紐約，芝茄哥，鈕俄爾斯，或教凡西斯哥等之不得不爲大城相等。（見一九二六年十二月四號英文中國週報）

照內家估計，謂上海之地產，約值規元十五萬萬兩，此外須加發展費，約計規元十萬萬兩，兩共規元廿五萬萬兩，今日上海最貴地價，每畝當在規元廿七萬五千兩至卅五萬兩之間，約等於美金一百二十萬元至一百五十萬元一英畝。

上海之工業　除地利外，因各種特殊原因，上海又變爲一大規模之工業中心，上海爲經濟源頭，銀行薈萃之區，籌貸借款，自較中國他處爲省力。電氣處又能無限制供給電力，取費極廉，且技術專家，機器商行，機器廠等，隨處皆有，求取不窮，一遇緊急，隨喚隨至，且工價亦不甚高，工匠充斥，便利異常。再加上海爲交通要道，交通工具，又甚完全，無往不宜，雖欲不變爲工業中心，不可得也。是以上海之工業史，殆卽中國之工業史，舉凡全國各處，已知之工業，上海無不有之。共計現有新式工廠二百五十餘所，僱用工匠約卅萬人，投資之數，在三萬萬元之外。於是上海之天線，遂異乎其他中國城鎭之天線，他處天線之爲浮圖廟宇所附麗者，而上海之天線，乃日爲盤百之新式工廠烟囪烟突所瀰漫也。紗廠一項，有五十八所之多，有紡紗軸一百九十一萬八千一百另六具，僱用工手十一萬七千一百廿二人，共投資本，規元九千三百五十萬兩之鉅。繅絲廠有八十處，繅絲缸約二萬具，僱用繅工約十二萬人。紙烟廠更如過江之鯽，指不勝屈，就中有二家資本最雄厚者；一則僱用工人一萬五千，投資英金五百萬磅，一則僱用工人二萬名，投資一千五百萬元。故自眼光遠大之人視之，則上海此後之興衰，幾全繫於上海之工業，能否繼長增高，與夫現有之工業能否維持進步二問題之上。

以上所言，皆過去八十五年間之進步也。至於將來，則大平洋流域，日見緊要，中國又日事維新，後此上海之發達，當較前爲尤速，長於預料，富於經驗之人，且謂五十年後，上海或將變爲全世界最大之城，斯時卽英之倫敦，及美之紐約，亦將瞠乎其後，莫與之京。斯言雖覺誇張，固非夢囈，蓋上海自有足以爲大之處，而此足以爲大之處，非吾人故好奇言，能使上海後此進步之速，超過從前一切程規。然而一城之大，如一人物之大焉，半屬人爲，非全由天生也，雖有天時地利，猶賴人和，上海旣具所以爲大之天時地利矣，尙須就地人民善爲導引而用之，庶幾天得其時，地得其利，而上海乃得大其大也，上海人民其勉乎哉。

上海爲一國際聯盟會之雛形　上海此後之命運，似繫於中外兩方，一去其向日互相反對，互相猜忌之積習，而出之以互相信任，互相合作友誼，卜芳濟君之作是言也，可謂知其所謂矣。上海人民，雖有如許勞績，然仍不免時爲他人批摘之資者，無他，蓋乏合作之精神耳。日內瓦可謂爲國際聯盟會之首都，而上海直可謂爲國際聯盟會之本身，好似青豆一莢，雖其中豆子各成一體，而外觀固仍聯合爲一，非如乾豆莢，不僅內面之豆子無聯合，卽外觀之聯絡亦幾希也。上海之外人又類被逐之密蜂，羣聚於貿易商場之小世界，競造美英法日之小屑塊。(見麥克奈 *Macnair*氏之 *China's International Relations and other Essays* 第一百十二頁）費蘭克氏，在其中國旅行記（*Frank: Roving Through Southern China*）內，亦謂『各國在華僑商團體，缺乏互相交接，若是之甚，雖有二國僑商，擇鄰而居，其各本國之特性，依然絲毫不改，設有一美人去其曹輩之積習，而與華人相應酬，不久必爲曹輩圍繞，而與以美意之勸告曰，「某人，汝已悞誤船期多次矣，趕緊回國，吸些所鮮空氣吧，」』費氏又謂：『中國最大之通商口岸中，有一最足令人奇異之事，卽該處數萬之外人，對於華人習俗，既不明了，亦不留意，該處外商之大半，似乎專爲求財，至於與華人交接，則竭力避免，惟恐不周，覩其意，蓋恐染習中國化，恐爲四周多數華人所沉陷，恐遺忘其本國之行徑，直似英美商人，等於嚼蠟，淡而無味之生活，一經變動，卽有致命之錯誤。殊不知華人之生活情形，其靈捷而有樂趣，固不亞於英美人之生活情形也。』

上海外人，不僅每國僑商自成一體，且如藍姆森氏所言；『自一九〇一年以來，皆安居於一舒暢而密固之孤立玻璃箱中，竊以爲彼輩在租界內建造如許高敞而美麗之房屋，爲中國增壯觀瞻不少，而華人反不知領情爲可怪，全不想建造此許多房屋之款，皆出自中國。上海爲中國之門戶，外商握瓶口之樞要，中國大部之貿易，皆須由此進出，若輩在在均有利可圖，稅輕利重，乃得積資建造華麗房屋，殊不知英國所注重者，乃在華之商業，並非在滬之數十百所之高樓大廈也。若輩商業利益有被威迫時，英國在華之勢力，即生危險，然而除非英國政策，與若輩願望相脗合時，則若輩固不惜爲遠東之阿爾斯特，資意而行，而過其獨立自由生活也。』（見藍姆森氏之中國疑問中之上海人之心理（Authur Ransome "The Shanghai Mind" in the *Chinese Puzzle*

租界之統治機關爲不合理的　租界統治機關之方式及性質，實爲各方面互相反對，互相猜忌之基，英領署人員謂，開始外人租界，乃專爲英人而設，美人對此，大加反對，於是英之專有主義，遂被攻破。專有之障礙既除，其他外國僑民，絡繹而來，要求與英美享同等地位，皆如願以償，然而租界內，各外國僑民相互地位，未有規定，租界與各外國政府之關係，甚不明了，而界內工部局之地位，對於中國政府方面之關係，尤屬不經，有此種種原因，上海之公共租界，遂非一言一辭所能解釋，在世界各城中，標獨異之性質，有非楮墨所能形容，雖有謂之爲自由城，民主國，及封疆等各詞者，要皆不近情理，不切事實之怪異名目而已。在官場之公文上，該區固爲上海公共租界，而工部局固爲統治公共租界之政府機關，然究之事實，亦有不相符合之處，吾人尙能憶及，爲租界憲章之一八九八年土地章程，當其商訂草案時，未得中國官府之參加，嗣後駐京公使團，批准該案時，又未一度參商中國政府之意見，僅於事後，錄送全文一份，作爲成案而已，卽外商請南京總督贊同時，該督亦着上海道台代致謂上海工部局事宜，以前彼旣未曾與聞，今亦未便過問，可逕由領團與該工部局，直接商決云云，是該章程未完全經合法手續，不足遂爲神聖無疵之憲章也。

土地章程規定之人民，有租地人，納稅人，選舉人，外人，及華人等級之差，上級租地人或納稅人，有被選爲工部局董事之權，下級租地人或納稅人，則僅有選舉權，面無被選舉權，此兩級人民，皆統稱爲選舉人，投票人，或納稅人，此外又有所謂住居界內之外人者，蓋卽普通外人，所納稅捐過微，旣不有被選舉權，亦不有選舉權，故對於租界之統治上無發言餘地，至於其他利權，則可與納稅人同享，一無差異，於是可知上海之工部局，對於一部份之外人亦不能代表，非如他處之工部局，足以代表全體也。華人則居末等，卽謂之不入等，亦無不可，蓋紙有繳納稅捐，及被統轄之義務，徵特界內之公民權絲毫無份，卽欲求如一普通外人，得用已名購買基地，亦有所不能，連幫同出資，建造維持之公園及公共游樂場等，亦不得插足，此等公共場地，直至一九廿七年始行開放。

本書曾述及英美租界合併之事實，惟帶論當時合併之原因爲如何，英租界當道，固早已有不得不對付多少不如意事件之苦衷，起先尙僅對於非英籍僑民，有不能完全施行土地章程，及徵收稅捐之困難，迨至一八五二年，美人已可自由在美領署，進行購地手續，英領竟無法阻止之，英人至此，雖欲保持一形式上之專有權，亦不可得。專有既破，護籬亦倒，英領乃覺與其獨立爲他人肩責任，不如邀請其他條約國領事合力肩之，皆庶幾土地章程得以全部施行，而租界內之治安秩序，亦得以維持也。而欲達此目的，非由駐地領團，及駐京公使團，共同另行商訂新章程不爲功，然而此舉，論理上，除非各條約國之領事及公使，皆有相等地位，不能施行，故密勒氏謂：上海租界之所以逐漸發展變爲半獨立區，不全受領團，及公使團之節制者，殆卽此理論皆之厲也。

附註。依此理論而論，則頭等條約國之領團及公使團，關於租界政府，有緊要及遠大關係事件之議決案，二等條約國領團及公使體，得聯合一團而廢棄之，然而在事實上此聯合之權力，必難邀准，而工部局亦必不願秉其命而行也，所以各國共同發佈命令之理論，實際上已不能存立，而其間有若干部份間足爲利用之資者，仍得存其外觀，而苟延殘喘耳。

此段議論，較「最惠國」理論爲近情。英國曾經與中國訂立最惠國條約者也，假使美國亦與中國訂立最惠國條約，則依最惠國理論，舉凡中國予英人之特別利益，美人皆得要求而享有之，蓋皆最惠國也。究其實際，則中國允許於英人之租界，未必卽爲一種公開之利益，凡現在及將來之最惠國，皆得分享之。

嚴格而言之，一八九八年之土地章程，所予之利益，僅限於當時有公使在京批准該章程之十一條約國，及後來經其公使正式承認該章程爲有效之其他條約國，然而不知何故，凡來上海營商之外人，不問其國曾經承認該章程與否，亦不問其國爲條約國與否，皆得爲租界完全公民，享有一切利益，是則上海直等於一座自由城，全世界各國僑商，皆得享受公民利益，所不得享受者，獨我華人而已。若此項情形，乃當時批准該土地章程之公使團之本意，吾人不得不佩服其度量之寬宏，及其漢視中國利權與感情之甚也。

租界工部局是否眞公共 現在在滬設有領署之國，爲俄，爲德，爲日，爲法，爲英，爲奧，爲義，爲西班牙，爲腦威，爲丹麥，爲和蘭，爲瑞典，爲比利時，爲墨西哥，爲古巴，爲巴西，爲智利，爲瑞士，爲葡萄牙，爲美國，祕魯雖已訂條約，而未設領署，阿根庭則已設領署，而尙未訂條約，然而管理工部局事件之領團固非此全體之領團，而爲另一較小之領事團體，爲美國，比利時，巴西，丹麥，法國，英國，義大利，日本，和蘭，腦威，葡萄牙，瑞典，瑞士，墨西哥，及西班牙等國領事組合而成，奧國，德國，芬蘭，及蘇維埃等國領事不與焉。而該數國僑滬之商民，當以德國爲較多，法國領事雖在領團之內，僅作形式上之應酬而已，蓋因另有法租界在也。此外尙有一最緊要之國，不在團體之中，該國爲何，卽主人翁之中國是矣。

據云一九二五年之納稅人，代表廿二國，則其中必有若干無條約國僑民在內，享最惠國國民之待遇，由是益知租界當道對於任何外來商民，除華人外，皆一律歡迎，予以公民利益。一九二五年共有納稅人二千七百四十二人，其中英人佔一千一百五十七，日人佔五百五十二人，美人佔三百廿八，彼時工部局董事，共計九人，英人佔五席，美人佔二席，日人佔二席，日人本只一席，英人本有六席，由英人讓出一席與日人，自一九二八年起，加增華人三席，現在共有董事十二人。德俄在華之治外法權未曾取消之前，工部局會議席上亦曾有人，工部局分派董席之法，殊爲牽強不公，此多彼少，重甲輕乙，既不基於國籍納稅人之數目，亦不根據國籍所納稅捐之多寡，而按之土地章程，又無線索可尋，雖納稅人在大會席上對於其本國政府或同胞無固定的代表權能，然每年公舉董事之結果，其董席之人數及國籍，皆若照依固定之分派，井然不亂。就理而論，土地章程，並無丹人，瑞士人，或西班牙人不得被選爲工部局董事之限制，然而事實上，則無論此等國籍人納稅若何之多，名譽若何之隆，殊鮮被選之望。英人之五席，美人之二席，日人之二席，華人之三席，究爲何人派定，遂令納稅人不敢妄加一辭，而奉之惟謹耶。質言之。公共租界之政府，蓋僅爲少數人即外人之利益而設，而政府機關，則有爲少數人之少數人所佔據也。

一九二五年之調查，法界居民爲二十九萬七千零七十二人，其中二十八萬九千二百六十二人爲華人，而不及華人百分之三之七千八百一十人，爲三十三國之僑民，此少數之僑民中，法人居八百九十二，英人二千三自十二，俄人一千四百零三，美人一千一百五十一，同年公共租界之調查，爲居民八十四萬零二百廿六人，其中八十一萬零二百七十八人爲華人，佔公共租界居民百分之九十六，外人中日人爲一萬三千八百零四，俄人二千七百六十六，（現在上海俄人，約有一萬之多），英人五千八百七十九，美人一千九百四十二，葡人一千五百零六，法人二百八十二，印人一千一百五十四，德人一千零四十，丹人三百廿七，華人二百八十，及其他卅餘國之少數僑民。

租界爲少數人之利益而治　租界政府，僅爲少數人民（卽佔租界居民百分之四至百分之五之僑民）謀利益，工部局之歲入，華人担其大半，而其用途，則於各方面，皆祇與外人有利。房捐爲該局歲入之大宗，一九廿六年，界內共有繳納房捐之洋房四千六百廿七所，共納房捐規元一百八十三萬三千九百六十六兩，華人房屋七萬一千一百廿六幢，共納房捐規元二百十八萬八千三百五十六兩，地稅殊難分定華洋之標準，蓋華人之在界內置產者，皆以外人之名義註册也，至於照會費，則由華人供納者爲多，卽謂佔全數之百分之六十亦不爲過，蓋實際上，竟遠超此數之上，亦在意中。

附註　密勒氏謂華人在界內之地產，依最低之公允計算，當佔估價總數之百分之八十以上，而其他消息靈通之外人，且謂此比例率，當爲百分之九十五。

雖然如此，而工部局歲入之用途，所予華人之利益，乃與華人所盡之義務爲反比例，工部局每年用於教育之費，爲規元五十萬兩，其中百分之七十爲西童公學經費，然而僅此區區之百之卅之教育費，外人似猶嫌多，蓋一九一一年及一九二四年兩次教育委員會之報告中皆反復申言，工部　無教育華童之必要義務。「附註　一九二八年工部局爲華童設立初等學校三處。」一醫院費之比較，當與教育費之比較相去不遠，市政廳之藏書樓，僅有洋文書籍，而無華文書籍，且六百之閱書社員中，祇有廿名爲華人，華人負担税捐義務，至百分之六十之鉅，而所享之利益，乃不及百分之四十，於是可知，租界之治理，蓋非爲佔居民百分之九十五負税捐百分之六十之大多數華人之幸福，僅爲佔居民百分之四，任税捐百分之四十之少數外人求幸福也。（見一九二七年十月份外交事件報內赫德森氏之上海之國際問題 Manley O. Hudson: *International Problems at Shanghai. Foreign affairs*, October, 1927）

縣想上租界在數約二千五百之外籍納税人統治之下　照土地章程之規定，治理公共租界之主要權，屬之界內外籍納税人。一九二五年共有納税人二千七百四十二人，代表廿二國，其中英人一千一百五十七，日人五百五十二，美人三百廿八，一九二七年界內外人共計三萬五千人，納稅人之數爲二千三百六十八人，若將華人併入，平均攤之，每三百五十人中，有納稅人一人，得以投票選舉，租界慣例，每年納稅人大會，皆由領團召集，惟到會者，殊不踴躍。一九二七年，共有納稅人二千三百六十八名，代表票權二千六百八十八票，（不住界內之納稅人，可派代表投票，）而到會者，僅五百四十七人，代表七百九十票而已。故赫德森氏謂，『納稅人大會記錄中，於工部局事件，殊鮮詳明之記錄，殆皆委之一小行政團也，』云云，確係正確之語。

實際上租界乃在大班制寡頭政治之下　上文所謂之小行政團，卽行政董事會，亦卽工部局會議，該會董事由納稅人投票選舉，惟納稅人既不注意於會務，又不踴躍出席，選舉之事，遂常草草而行，跡同敷衍，工部局於統治租界事件上，乃得行使大權，無所顧忌矣。然而應行選舉與否，究由何人决定，何等樣人，應爲候選人，工部局議决案中，何等問題，應請納稅人年會票决，此等問題答案，殊足耐人尋味，蓋决之者，乃一人數不及廿之巨商資本家之太上小團體，雖工部局董事，未必皆爲此太上小團體之門內客，然皆爲該寡頭政治團所能核准，可以斷言。間有一二董事，與該團一無關係者，爲僅見而不恆有之事，（見密勒氏之中國今日之地位及其原因Millard: China, Where It is Today and Why?第三百一十頁）此即密勒氏所謂之公共租界之大班制寡頭政治也。

附註　按大班乃外人商行總經理之通稱，因該商行與其本國總行，遠隔重洋之故，大班權限，異常高大，其節制屬員及僱員等之威嚴，遠非泰西各國商行之總理所能企及。早年之時，租界各商行大班，事實上爲租界之領袖，當時曾有大班會議，主持界內行政事宜，此寡頭政治制度，亦自有其便益之處，故得進行無阻，雖間有反對者，亦不多見，是以直至今日，事實上，上海公共租界，仍在寡頭政治之下，與四十年前無少差異，而多數之普通納稅人，不甚注意會務者，殆即坐此。緣工部局董事，既如寡頭政治團之意，選擇得人，大可望其固守租界向有之政策，爲外人利益謀保障，而寡頭政治亦決不肯將租界治權完全付之納稅人，而不加以監視也。

外表上公共租界直似一英租界　吾人若於租界之行政上，加以考察，則公共之性質，更屬淺微。工部局之公語爲英文，且其行政方法及制度，亦無往而非英國式，該局僱員，又強半爲英人，無怪租界中外居民皆謂統治租界事宜者，實爲英人，是非空言誣陷，足有事實可徵也。一九二九年四月費新敦(*Mr. Fessenden*)任總董以前，他們人民無有任過工部局上級職務者，義勇隊，救火處，衞生局，公共工程處，電氣處，汚物處置處，財政處及祕書處，最上級官長，皆是英人，警務處各緊要職位，皆屬英人，最近始設副警務司二，一由華人担任，一歸日人，惟工部局音樂隊監督，則爲義人，按照一最近出版之上海行名錄，謂工部局有洋員一千零七十六人，其中九百六十五人爲英人，此外尙有印捕七百九十二名，由是觀之，赫氏之言，蓋有由來矣。赫氏謂；『英人旣具租界行政之超越勢力，而華人又在摒棄之列，不容參加，若仍謂租界爲公共，則其公共，其有不得不然乎，』(見赫德森氏之上海國際問題*Hudson: International Problems at Shanghai, Foreign Affairs, October, 1927*)

荒唐怪異之上海　讀者當已曉然上海爲怪異充斥之區矣，公共租界之眞公共，僅如小說家之虛構，未見其成爲事實也，最多限度，上海祇有一冒名公共租界而已。就理而論，租界之治權，爲有等級的，初級爲領團，高級爲公使團，最高級爲條約國國都之外交部，然而此理論，亦僅如小說之杜撰而已，蓋在此等情形之下，無治理之可言也。

上海租界工部局　驢生驢、虎生虎，則荒唐之結果，亦荒唐而已，安有他哉。是上海租界工部局之怪現狀，又為意中事耳。該局以歪鄙不法行徑，伸張勢力，終乃攫得政府大權，密勒氏之言，雖微過其實，而有至義存焉。略謂：『租界於實際上，等於自置海陸軍備，蓋上海義勇隊，陸地警備，及水上警備，皆直接在工部局主席董事統轄之下。』（見 *Millard: China, Where it is Today and Why* 第二百六十四頁）一九二七年義勇隊之實力，為二千二百卅八人，其中含有一九二六年一月招集之俄籍僱員二百六十名，惟該實力後來略有縮減，密勒氏又謂：『事實上工部局已與領團及公使團，脫離關係而獨立，卽與各外國政府之關係，亦若有若無，而名義上之服從，尚未毅然捨棄者，以其可供利用之資耳，蓋華人若不變其往日之觀念，仍信工部局有領團為之後盾，領團又有公使團為之後盾，而公使團更有各條約國海陸軍力為之後盾，則於華租交涉事件，自必瞻前顧後，不敢過與工部局當局為難也，』等語，總之，公共租界政府之情形複雜，及荒誕，有非筆墨所能形容，非僅工部局之地位不易加以明確之規定，卽該局之各種利權，亦時為中外人民非難之資。所可異者，凡該局之行動，有認為必須容許時，則無論該行動性質如何蠻橫不法，外人又必曲為庇護，維持其不法權能，然而此僅就外人一方面而論耳，使該局對於情勢之變遷，與夫華人輿情之激昂，一概抹煞不顧，雖明知陳腐之舊政策，不復適用於今日，仍一意孤行，求遂其不可問之欲望，則該局之荒唐，益屬顯然，而爲環境所不容也，五卅事件，卽此荒唐之結晶，而令吾人感覺工部局所佔有之地位，有非吾人所能容忍者，吾人於此，固不必問當時情景，有無開鎗必要，以其出乎此段討論範圍也，吾人所欲討論者，乃爲中國境內，有一條約上享有治外法權之外人團體組織之工部局，該局直接轄下，有多數之武裝警備，並有軍械完實具有戰鬪力之義勇隊，此外又有港內之外國軍艦，外國水兵，呼喚靈通，此萬能之工部局，下令開鎗，擊殺多數無辜之華人後，中國政府及人民，不僅無法昭雪，卽求一申訴之合法機關，亦不可得，不是全世界最奇特之局面耶。及後中國政府與駐京公使團派員調查，可謂知其所事矣，無如調查團調查之結果，報告「乃非工部局所能承認。」（見卜芳濟之上海史第二百八十九頁）該報告直至五閱月之後，始行宣佈，柯氏謂：『此案眞相，至今仍不明了，』（見 *Kotenev: Shanghai, Its Municipality and the Chinese* 第一百四十一頁）聞法公使慕特爾氏，（*Comte M. de Martel*）七月十號之退出調查團，因對於上海工部局之地位，與英美公使，意見不同，蓋工部局以爲該局乃外人自治團體之行政機關，不承認外交團有權干預其行政事宜，及譴責或罷免該局職員之權。當時調查團之意，亦以爲工部局應負擅行開鎗擊斃人命之責，謂該局人員疏忽，及缺乏政治眼光，既未能先事預防，臨時又未能從速多派巡捕至出事地點彈壓，遂致釀成事變，而衞護租界者，則詖其如簧之舌，謂工部局乃歐美外人自治團體之代表機關，其被條約之拘束，並無其他在華之任何外交官之甚，該局在租界內，有設警之權，故爲租界內行政機關，此項行政權，該局既出全力保持，中國政府亦未當反對。(見*Kotenev: Shanghai, Its Mixed Court and Council*第八十五頁)柯氏對五卅事件，又作下段之批評，

『工部局之座右銘，與一沉着的商人無異，對於政治問題，不欲過問，而其緊要之地位及權能，在華人眼光中，基於商務原理，不必於住居界內居民，許多國籍中之任何國家，求政治權，或良好社會階級，以爲保持此緊要地位，及權能之工具，雖該局與中國當道，無直接交接之利權，然而就該局之權能而論，固依然爲一獨立團體也。』(見*Kotenev: Shanghai, Its Municipality and the Chinese*第一百四十一頁)

此外柯氏又謂：

就現象而論，工部局爲中國僅有之外人團體，既能行使職權，又不背乎現行條約，若外交團之須用等於廢紙之公文相抗議者，該局可以自由分佈防務，並結合登岸之各國水兵，而保護租界內，各條約國僑民也』（見 Kotenev: Shanghai, Its Municipality and the Chinese 第一百四十四頁）

上兩段議論，類皆荒謬不經，然有數端，極關緊要，不得不加質問，以釋羣疑。如工部局爲歐美外人自治團體之代表機關，其受條約之拘束，並無其他在華任何外交官之甚，及該局有非難及反對公使團之權限之權，與該局在權能上，對中國當道爲獨立等，皆乖謬絕倫之語。

上海租界工部局應受條約之拘束　柯氏之意見，非盡無可取處，（見Homby and J.V. A. Macmurray: Shanghai, Its Municipality and the Chinese第一百四十二頁）惟一享有治外法權，及其他條約利權之外人，不能因其爲一國際居民小團體之一份子，遂可脫離其本國之治法，况工部局之本身，乃經領團及公使團之准許，而後始得組織存立，而領團及公使團之得以來華駐扎，即根據條約之允許耶。柯氏又謂：『土地章程乃根據並含有條約之原理者也，然就全部而論，該章程另成一種之萬國條約』云云，吾人今姑不問該土地章程之效能如何，蓋業於他處論之詳矣，若條約與土地章程具同一效能，則工部局應遵守條約，一如其遵守土地章程也，若謂條約爲無效，則根據條約而產生之土地章程，亦應無效也，柯氏不應削足適履，於二者之間，有所軒輊明矣，況條約乃二國最高政府商訂之國際文契，即其規定之根本原理，應有神聖不可侵犯之效力，不容有絲毫疑義，由是觀之，北京公使團對於外人租界，應負維持治安之責明矣，蓋若輩之得以駐札北京，即由條約之規定而來，是以上海租界工部局，不能因其爲各國僑民所合組，遂得自命爲萬國之代表團體，既不受任何單獨國家公使之指揮，並得自由否認及蔑視公使團之權限，須知公使團之可以長此存留於中國首都者，以其爲一種法外機關，代表上海公共租界最高之合一權能，爲中國政府及公共租界兩方之交通機關，所有中國政府與租界當局交涉之緊要事件，完全由此交通機關傳達，此外並無其他途徑也。且上海租界工部局，並未嘗完全脫離中國政府而獨立，此節之不能辦到，一八六三年英使佈魯斯氏，致上海租界租地人之函中，已言之詳矣，彼對於上海租界之工部局，具有原理五件，其第一條原理，即爲工程局對於土地上，所具之任何權能，乃由外交

團，向中國政府領取而得，而美總領事熙華德氏，於一八七五年，詳細考查工部局之性質及權能之後，亦作結論如下

『吾人可視土地章程爲中國政府所賦予外人之權利，而吾人之舉動，僅等於贊成此種權利之表示而已。於是吾人可得一合理之論旨，卽工部局所有條例，僅爲一種轄治權，而吾人之所以得能享受此轄治權，蓋由於中國政府之委託，雖可謂爲條約之結果，實出乎條約規定之外。』

莊孫氏(*Judge Finley Johnson*)之意，以爲一九二五年重大事件(卽五卅事件)之作俑者，殆卽爲工部局之「未規定之權限，」此未規定之權限，成爲中外爭論之端者屢矣，而守舊不改，冥頑不靈之工部局，此後之荒誕，當較前尤甚，此後之困難，亦較前尤多，蓋如萬國考察中國司法團所云，華人對於政府之原理，及個人法定權利，其公民程度，進步之速，自有史以來，近十年間，較之過去任何一百年間爲尤甚也。見 *Report of the International Commission of Judiciary Inquiry, 1925*

第九章　公共租界之將來與華人

讀上海公共租界歷史，可使吾人感覺一種印像，卽外人以爲住居界內之華人，強半爲不安本份，性情乖僻之驕子，其行動舉止、不能孚洽發起該租界外人之欲望，而華方官長與民衆，又以爲住居界內之外人，强半病在精密與煩瑣，實則中國，雖向稱君主專制，而其政治類多自由寬惠，華人慣享自由生活，遂成爲世界各國之驕子，而海外人民，飽經專制侵略政治之陶冶，遂形精密而煩瑣也。上海雖增長甚速，其所處境遇，殊不得謂之爲愉快，中外居民，常有無謂之爭議，有時且各走極端，故無合作之可言。有謂上海爲大同城，爲世界各國人民會聚之所者，惜乎僅爲會聚之所，而不爲大同城也。各國僑民，仍自成一體，團體觀念，及其本國觀念過重，遂不肯捐棄私忿，而求公益，是以直至今日，尚有無數華洋居民，仍未能視上海如其本鄉，而將愛護本鄉之觀念，移以愛護上海，果有此種愛護觀念，則工部局電氣處，必不至於脫售，是知決定出售之納稅人大會諸人，固未嘗視上海爲其子子孫孫之本鄉也。上海居民，不能合作之最大原因，厥爲華洋之互相傾軋，而傾軋之主要原因，蓋因華人在租界內之適當地位，未能邀得各方面之諒解，是以為釜底抽薪計，欲求租界居民，能以合作，必先由外人平心靜氣，承認華人在界內之適當地位，方足去傾軋之因，而求合作之果，若不此之圖，空言合作，竊恐如揚湯止沸，愈揚愈沸耳。蓋凡萬物，皆有變更，華人在界內之地位，亦不能超出此例，今日之華人，非數十年前之華人可比也，數十年前之華人，在租界內，並無所謂地位，對於界內一切事宜，絲毫不問，斯時情形不同，蓋華人雖不在摒棄之列，而租界固完全為外人居住營商而設也，是故一八四五年之土地章程，尚有一條，（即第十六條）規定『華人不得將界內房屋，售與或租與華人，外人亦不得在界內建築房屋以為租與華人居住之用，』嗣後情形日變，此條不能實行，故一八五四年以後之土地章程，遂無此項限制矣。彼時已有多數逃難華人，住居界內，而界內當局，且向徵八厘房捐，以為保護之代價，刀匪未陷上海之先，僅有外人三百，偕其眷屬住居界內，華人之數，不出五百，刀匪既陷上海之後，界內華人，一躍而至二萬之多，其中且有殷富不少，然而禁止華人入界之限制，其裁汰也，固半因無從實行，然亦半因外人自己之促迫。蓋界內外人地主及投機家，見此風聳雲湧之入界逃難華民，以為乃發財無上機會，於是大興土木，建造房舍專為逃難華民之用，此後非特華人入界不加阻止，而領團及道台且製定專條，俾華人得以合法手續久居界內，謂予不信，請觀一八五五年二月廿四號，道台與領團，商得同意之佈告，略謂：

『華人未入租界之先，須向領團，及當地長官領取遷入租界准許照，並須取保，讓遵租界土地章程，及盡納稅義務，其殷實商人，可自具保結，否則須覓有聲望之居民二人代保，其有違背此項註冊之規定者，初犯罰洋五十元，再犯將其照會註銷。』此項規定，從未雷厲風行，僅成具文而已，而習俗上，華人遂有牢不可破入界居住之權。

於是有一問題發生，卽界內之華人，究係合法之居民，應與其他居民享同等之公民權耶？抑僅爲容許存留之客籍，而不應享公民權耶？然而當時之華人，所盡納稅義務，與其他居民相等，而對於工部局稅賦用途，旣無發言之權，對於工部局政府，亦無參加之利，惟第三次之一八六九年土地章程，未施行之前，外人之意，殊以爲應予界內華人以相當權利，而英使布魯斯氏，於一八六三年致上海租界內租地人之公函中，曾謂：『上海工部局，應照五件原理，加以改組，而此五條原理有一條，謂工部局應有華人份子參加，工部局之設施，凡有關於華人者，應先與華方份子，商得同意，然後施行，』此條原理，當時租界外商及領團，皆經贊同，於是新擬之土地章程中，遂有華人得以參加工部局之條，惟該新章程，在京擱置多年，批准之時，已爲一八六九年，而華人參加之條，又被公使團删去，按該條之被删也，蓋因柏靈根(*Mr. Anson Burlingame*)及布魯斯二公使已經回國之故，卜芳濟氏謂：該條之被删也在理論上，殊不能謂之爲公允，而當時之華人，則殊鮮作是項思想者，以該條之存去，無關緊要，旣未向中國當道有請願之舉，亦未向租界當局，有抗議之爭，至今思之，吾人亦不能確謂該事足堪惋惜，卽使當時華人，獲有參加之權，而參加之效果如何，華人能否恆久保此參加權，皆在不可必之中，因如卜氏所言，彼時華人之政治思想，社會觀念，及智慧階級，皆與外人截然不同，中西共事，同爲完全公民，難免無多少困難，終其量或足將租界出乎外人統治之手，蓋彼時界內華人之數，已遠超外人之上，則租界之發達，必不能至如吾人今日所見之地步也。質言之，在租界有史以來，六十年中，租界內華人皆消極的服從，租界當道，雖有時亦有暴動，如一八七四年法界之甯波公廟，及義塚問題暴動，與夫一八九七年之小車捐照暴動，是皆局部問題，無關政治。迨至一九〇五年，華人智識階級之態度，乃陡然一變，不復能消極的服從，以爲斯乃侵奪個人公權，於是因美國禁止華人入口，抵制美貨之後，不久又有會審公堂問題之暴動發生，此暴動之主要問題，即抗議外人治理租界之超越權，是時華人仇外思想甚熾，工部局總董乃於一九〇五年十二月廿號，招集各大同鄉會之代表三人，商組華人諮議董事會，當時華人曾要求新董會之組織法及職權，須經外人方面正式承認，作爲合法憲章，惟外人懼此種計劃爲將來種一根基，遂漸改組，而成爲工部局本身之一部，故一九〇六年納稅人年會開議，該提議遂被否決，無從進行。直至一九二〇年，租界工部局之華人顧問董事會，始得正式宣告成立。一九〇五年及一九二〇年之間，因推廣租界，工部局在界外築路，及會審公堂等問題，中外兩方，屢起爭執，此十餘年之歲月，實與新中國之歷史，有莫大之關係焉。蓋一九一一年，中國革命，推翻滿清，建立中華民國，方爲新中國開一新紀元，而不旋踵，一九一四年之歐戰又起，日本藉辭加入協約，驅逐德人，佔有膠州，青島，向中國提出廿一條要求，予中國以一最大恥辱，嗣後一九一八年至一九一九年之巴黎和會，與夫一九廿一年之華府會議，中國皆曾派遣代表列席，於是而向趨於閉關自守之中國，遂一變而注全力於國家及國際政策矣，而與租界將來之命運有關之問題，亦遂應運而生。蓋華人之愛國觀念，既日增月長，其自然之表現，爲阻止租界之擴張，與出全力限制工部局之權限，不第此也，中國政府在巴黎和會席上，曾以最誠摯之希望，商求各國將在華之租界交還中國，並於未實行交還之先，將租界土地章程，加以修改，俾華人得以積極參加工部局行政事宜。同時上海中國當道及士紳，又請特派交涉員，轉致上海領團，華人擬定之新土地章程草案一份，要求予界內納稅華人以投票選舉及被選舉之權，此項草案，乃爲一九一九年七八兩月，反對工部局因歐戰物價昂貴增加房捐之結果。當時華人鼓動之標語，爲「無代表之權利，不盡納稅之義務，」工部局之遁辭，謂對於華人公民利權之要求，該局無權自由決定可否，惟此後工部局財政董事會，如有議增房捐等情，當與由華人組織之一種委員會，預先商取同意等語，完全爲一時唐塞之語，並無誠意。故一九二〇年上春，上海華文報界，又鼓吹向工部局要求代議權，斯時外人輿論，分歧爲二；一小部份人，贊成立卽允許華人參加工部會議，而大多數人，則仍極端反對，不肯絲毫讓步於華人參加之要求。(見*Kotenev: Shanghai, Its Municipality and the Chinese*第一百五十八頁)

一九二〇年四月七號，納稅人大會，通過一議案如下：

『本會贊成設置一華人顧問董事會，其該會之組織法及權限，則限於一九一九年十月廿四號，工部局總董致領袖領事公函中所規定，於一九二〇年一月八號，工部局報登載之範圍之內。』

工部局總董公函中，所規定之組織法，卽華人顧問董事會，應有董事五人，每年由華人公推後，由領團斟酌可否，被推選人員，須在租界內居住在五年以上，並繳納稅捐每年在規元一千二百兩以上，被推舉時，或任顧問董事期中，在中政府中，無兼帶職務者，方爲合格。此外李德立氏，(*Mr. E. S. Little*)又提議加以下之修正：

『本會又命工部局進行必要手續，以便修改土地章程，將工部局董事，由九人增至十二人，俾得予三席於華人，其權限及資格，悉與外人相同，其選舉法，則俟將來另行規定。』

此修正案，經三對一之大多數否决。

華人對於工部局僅予華人以顧問董事之舉，雖極不滿，然一時仍允許照辦，是年秋，納稅華人會成立，即進行選舉顧問董事，此種手續，起初工部局不允承認，蓋恐納稅華人會，對於所舉人員，必有若干勢力，使之唯唯否否，因此糾轕，直至一九二一年五月十一號，華顧問董事始得正式行使職權，顧問董事就職時，工部局外董，及華顧問董事，皆有演辭，外方謂該董事之成立，足以解決華人參加問題，而華方則謂此舉僅爲解決難題之初步，爲暫時而非永久的性質。嗣後該顧問董會，以所處地位空洞，辦事諸多掣肘，對於中外兩方，皆未能討好，於是華人實行參加問題，又復宣騰人口，雖經多次設法進行，然皆被納稅外人所否決。對於此事，卜芳濟氏曾有下段之議論：

『法人之行動，殊爲敏捷，蓋於一九一四年四月八號，即已與中國當局商妥，由交涉員與法總領事，合同委派華紳二人，（後加至五人）相助爲理，解決法租界內與華人有關之各問題，然而法界之得能進行無阻，亦自有故，蓋法工部局僅屬顧問機關性質，一切大權，皆由法總領獨攬也。』

及後一九廿五年，五卅重大事件發生，中國顧問董事，即於六月六號，全體辭職，同日華人又向工部局提出十三條要求；其中一條謂

『華人應得實行參加工部局董事及納稅人會議，而納稅人在工部局董席上之代表權，應依照納稅之多寡，而定重輕，其資格利權，應與外人一律，不得有所歧視。』

界內有責任之外人，而尤以英商爲甚，至是乃了然於欲求租界幸福之進步，非與華合作，得其道義上之扶助，必無成功之望，因是一九廿五年八月卅一號，英國商會及聯華會，乃開聯合會議，議決提倡早日實行華府會議條件，並對華人參加工部會議之要求，表示同情，及一九二六年四月十五號，納稅人大會，工部局又將此項見解呈請該大會議決施行，遂幾經全體贊成，通過議案如下：

『本會僉以界內華人實行參加工部局會議，爲合宜正當之舉，工部局應即着手向各條約國家相商，俾得早日予華董三人，參加工部局之機會。』

議案通過之後，費總董謂，

『吾人並不忘懷，外人借租地，終有歸還中國統治之日，彼時上海將成盛大之同城，爲中外貿易之中心點，吾人亦深信華人所具誠懇之願望，正不亞於吾人，卽欲達此目的，當經自然之發展，不宜出以變亂之手段也。』

當時有一部份華人，以外人方面，未能遵照華方之要求，與外人一律看待，依納稅之多寡，而决定華董之數目、僅强制的定爲三名，不允承認，故久而久之，華董未能舉出，後因主要領團之疏通，謂華董之數，將來自可增加，又因工部局一變從前之强硬態度，而普通外人之態度，亦較前和悅有禮，乃勉强暫允，由納稅華人會進行舉定華董三人，於一九二七年四月正式就職視事。此外工部局各部董事會，亦有華董六人參加，相助爲理，至今已一年有餘，中外尙無間言，兩方董事，亦尙能和衷共濟。惟華董之權勢，究竟如何，一遇急難，有無旋轉乾坤之力，則無從得知耳。

租界內華人之地位，乃自然發展之結果，而界內外人，對待華人之態度，因潮流所趨，亦不得不逐漸改變，以應時宜。起初之時，界內華人，無地位之可言，租界當局，卽欲加以驅逐，亦未嘗不可辦到，後因中外兩方，屢有爭執，局勢乃日漸變更，時至今日，華人不僅得以出入公共花園，且有工部局董事與其他外董同掌租界治權，可知外人態度，已經改變，不少。蓋當時態度，則以爲華人類多懶而無信不足與談信實無欺，奮勇有爲之政治，界內華人，於權利上，如有所犧牲，於界內之和平秩序上，則享受不淺，所得蓋足償所失也。（

見柯氏上海史第七十一頁）而現在之態度，乃爲外人計，不僅應與界內大多數華民和衷合作，且應設置一公開地方政府，庶幾旣可保全外人在滬之利益，亦可代表界內居民之全部。（見一九〇二年納稅人大會李德立民之演辭）雖然如此，中外之爭執，固仍未了也。界內華人，應得同等待遇，享受完全公民利益，卽思想最舊之殷實華人，亦以爲然，不謂外人至今仍疑難顧忘，不肯承受此合理之要求，則對於其他華人更激烈之要求，立卽將租界無條件完全交還中國，當更作若何之感想耶？惟此節不在本書範圍之內吾人不必加以討論。

吾人今要討論者，乃上海公共租界政府之組法，對中國政府及人民爲不合理，各方若能愈早覺感此弊，愈爲各方之利，不能徒作無謂之爭。（見 *Kotenev: Shanghai, Its Municipality and the Chinese* 第一百六十七頁）謂條約並無規定，華人有參加租界工部局事宜之權，蓋條約亦無規定，外人得在中國組織工部局，行使徵稅設警，設立義勇隊，並治理百萬以外之華人也。況條約並未言及，租界內可容華人居住，而外商之有意容留華人，已與條約之本意不符。關於此節，英使佈魯斯氏於一八六二年亦有警告謂，『外商處置租界之方策，殊與條約之原意相背，有若干外商購買基地，並非爲合法之用途，僅爲建造房屋，租與華人居住，』佈氏之意，甯將租界縮小範圍，而不願有華人雜居共中。夫條約爲雙方關係的，不能任意置之腦後，又任意擎出，作爲一方舉動之護符，雖華民在現行之土地章程上，無應得之公民權，此蓋不足爲病，何則，蓋外人既可於現行土地章程下予華人以參加工部局董席之權，而不慮有損土地章程之效能，何以不能予華人以完全公民權，而與外人同等待遇耶？若柯氏之怪論謂：『華人若一旦參加工部局治權，則中國最高政府亦將予此等華人以治外法權矣。』(見 *Kotenev: Shanghai, Its Municipality and the Chinese* 第一百百六十三頁)其荒唐背謬，不值一笑，可以近事證之，蓋華人今已實行參加工部局事宜矣，而局中之華董，固依然在中國政府統治之下也，董席之不能使華人超出中國政府之統轄，正如與外商合股之華人，不能超脫華人資格也，是以工部局不予華人以公民全權參加市政也，非不能也，乃不肯也。況無論如何，條約已有修改之必要，則土地章程亦或有脩改之必要，且脩改之舉，在理論上，並無十分艱難，所可惜者，其實愛護公理之人，少如晨星，遂致無從進行耳。是所謂艱難者，乃政治的，而非法律的，何以言之，蓋界內外人，類皆存有一種畏懼，而卑爾斯氏(*Sir E. C. Pearce*)在一九二〇年納稅人大會演說時，且明白言之謂：『華人參加工部局，乃廢棄外人在華條約上一切權利之初步，斯舉與界內中外人民，皆有莫大之害』，當知當日畢氏所反對之華人參加，今日已成爲事實矣。然至今仍未有全行廢棄外人條約上利權之現像，則當時外人之顧慮，不幾於杞人憂天乎？華人微量之參加，既無與外人之利權，則以完全公民資格參加，亦未必遂取消外人一切利益也。畢氏第二層之顧慮，則頗難解釋，華人充量參加工部局事宜時，必難免有若干變動，變遷時代，必有若干冒險及無把握之情事發生，華人性情不同，思想不同，政治觀念亦不同，且市政經驗或亦不及外人之富，一旦外人與之合作，進行或不能順利，政事或竟須暫時停頓，而予外商以若干危險，然凡此諸端，皆僅爲暫時的，若經此變遷時期之後，中外兩方，得以和衷共濟，推誠合作，則來日方長，所得實多。況事關公理，華人必有如願以償之日，外人卽出全力阻撓，終屬徒然，幾曾見逆天爭衡，而有所獲者，工部局固非自動而求變遷者，所以然者，蓋因兩患當前，不得不選擇其一耳，不與華人合作，而求進步，卽須固守舊見，而擠租界前途於不可問之鄉，二者孰輕孰重，明眼人自能辯之。故一九二二年，工部局總董辛姆氏，(*Mr. H. G. Simms*)乃作演詞如下，

『上海外人，須知吾人今日，將入一過渡時期，不能固守舊章，使華人於界內治權

，仍無置喙之地，宜另與新舉，使華人得與吾人共同負責，值此時期，困難實多，蓋難保華人不走極端也。』

皐氏之疑懼，上海外人至今仍同具之，殆爲守舊思想之結晶。吾人不欲因其守舊，遂加非議，須知守舊思想，有時亦須應大勢之趨向，稍爲變遷。吾人今日，尚在過渡之初期，究竟問題，能否終得解決之方，是宜加之意焉。兩方若能推誠相與，共撑危舟，則困難雖多，終有途徑可尋。著者不揣愚陋，竊斟酌情形貢獻一適中辦法，以供採擇，明知兩大之間難爲婦，樂於彼者惡於此，利於此者又損於彼，務蕘所至，譏訕隨之，然使蒙各方平心靜氣，略爲研讀，於事或不無絲毫禆補，幸之甚矣。

建議之辦法

今之所談，益非獨標新異，乃根於二種懸揣，爲中外雙方，眼界通達之士，共同承認者，如下：

一　外人在中國之租界，終有完全交還中國統治之日，彼時之上海，將成一大規模之大

同城，爲中外貿易之中心。（見一九二六年納稅人大會費總董之演講）

二　上海現在之發達及進步，較之將來，成爲商業首都時之情形，相去尚遠。彼時將括有城廂各處，及吳淞港口，合成一大上海，隸於單獨統一政治之下。（見一九二六年十二月四號中國週報卜特氏之言）

公共租界及法租界，既終有併入大上海而歸中國統治之日，上海思念周通之人士，應即着手進行，預爲之備，庶幾碩大無朋之大上海，得以早日實現，不必經無謂之遷延及阻滯。

第一　華人應即遵照國民政府宣佈政策，以代議制，着手組織大上海之華人工部局。蓋地方自治，本係眞正民主政治之根源，而上海情形複雜，又以特別市委員會議定之代議制工部局，較現行之市長制工部局爲合宜，緣市長僅對中央負責，而代議制，對中央負責之外，亦須對地方負責也。況現行之市長制，須與政潮相浮沉，人物政策，皆常有變更，殊非地方之福，上海今日之急需，爲鞏固之行政人與夫持久政策，二者闕一，即無法進行，代議制工部局成立，即可聘用專家，分任各部事宜，對工部局各董會負全責，其辦法及手續，皆可仿照公共租界工部局，惟規模則當遠勝之。

第二　大上海華人工部局，公共租界工部局，及法租界工部局，應謀親切之合作，爲公衆求幸福，以爲將來三局實行合併，爲大上海惟一工部局之整備。如三局立卽合組董事會管理衞生局，汚物處置所，浚浦局，港口管理處，電話，電車，公共汽車，發給汽車及其他各項車輛捐照，與交通規則等等，皆是犖犖大端。此外尙有更遠大者，如合組特別委員會，研究統一，或合作或共管，自來水與電力之供給，造路，設警，及防匪等問題。如特別委員會研究之結果以爲應設聯合董事會，管理各種事宜，亦得照辦，特別委員會亦得研究將來三局實行合併之方策。

第三　同時公共租界工部局，應卽着手改良現有政府，務使與上二條之方針相符，現行之土地章程，應卽廢止，另立新憲章，而此新憲章，卽應作爲將來實行交還租界之整備應於華人在界內，有自由購置產業之權，不必更以外人名義註册，又應明定上海義勇隊之性質及地位，亦應規定從速改租界內警備，務使逐漸增加華人，至於完全爲華人担任地步，蓋如密勒氏所云，『現行制度，實足以啓華人排外思想』，(見 *Millard: China, Where It Is Today and Why* 第二百九十四頁)更應規定以逐步增加法，於十年內予華人以完全公民權，與外人一律、有選舉及被選權。惟同時華人亦應承諾，對於租界內政策及責任，有持久性質者，仍舊保持，以期能繼續現有之成績。

第四　應定一適當期間，或十年，或十五年皆可，以爲試驗合作期間，期滿後，三大工部局，應即實行合併爲一，惟初併後之數年中，或仍可容外人一部份之參加。

第五　此種辦法，應請中國政府明令批准，並規定上海自治政府原則。

第六　詳細辦法決定之後，不必經各條約國商得同意之手續，中國政府，得以書面通知各條約國，隨附上海新憲章一份，俾使週知。

似此佈置，則於試驗期間，及以後之進行，皆有相當之保障。大上海之工部局，既有若干自主之權不致受政府不必要之干涉，而可得自定其命運，中外兩方，皆得合作自由，則其利害相同，不至岐視傾軋，使華方竟有蔑視外人利益，一意孤行之處，外國政府，仍得有權提出抗議，是則外人利益，亦有相當保障，則以樂觀之意趣，與夫勇決之精神，努力進行，躋上海於世界最大城鎮之列，而仍不失其獨立之性質，及萬國互助之精神，蓋非難事也。

結論

土地章程，已成明日黃花，不堪適用。條約亦病於籠統，不能作爲解決今日難題之導針。租界政府，亦如古時廢物，不合情理。則原始接受此租界利益之英美政府，對其國籍商民，在界內行政上，種種荒怪舉動，祇有完全負責，與完全卸責二途，此種荒怪舉動，本書前已言之，今不復贅。說者謂上海問題，非僅恃當地外國當局，及駐京公使團，所能解決，必有中國以外太平洋其他各強國之共同動作，成庶幾近焉。然而事實上，租界外人之勢力殊大，有所願望，類能攻破使館界之疑慮，而達目的。由是觀之，英美政府，卽有退讓政策，亦須得其居滬商民之贊助，然後乃有收效之日，是故英美政府，須先與其留滬僑民商合作，若仍如現在情形，租界英商，極端反對英國對華政策，謂一九二六年十二月英政府之宣言，爲怯懦之表示，一九二七年一月英政府之意見書，爲投降之供獻，租界美僑，又鼓吹各國共同壓平中國內亂，則無論英美政府有何動人聽聞之退讓政策，依然紙上談兵，無與事實，而上海之困難情形，仍無解決之日也。

夫上海外僑之所以冥頑不靈，蓋因中特別利益及由特別利益產生之環境情形之毒。緣利益最能使人另成一種階級，已得之利益，保之惟謹，惟恐有失，而上海遂多事矣。讀者不信乎？請稍待，著者將有詞，一九二七年納稅人大會，當其討論脩改花園章程，俾華人亦有出入公共花園之權，有一納稅人起謂，吾意此種脩改，不啻決定向華人表示投降及敬畏，須知吾人現在宜拿定主張，不予華人有通融餘地，豈不可見外人之心理歟？此種論調，固可謂爲極端派，然現今在華各處之外人中，極端派正復不少也，無怪舒門氏謂：『在華外人，固未與華人交接，不能從經驗上感覺華人對於國籍之印像，是以各通商口岸外人，每逢有脩改條約，予中國主權以更充實保障之議，輒舊態復作，頑固無似也。』(見*Dr. Schurman: The Far Eastern Review, February, 1925*)極端派外人，此種固守性，必於可能時期內，竭力保持其利權，而反對任何改變，可以斷言。至於其他較和平之外人，則已感覺此種局面，不能無期遷延，應另求途徑，以解困難，約略言之，外人可分爲三派：卽干涉派，假和解決，及和解派。

干涉派　在華各處之外人中，有多數極端派，已於前文中言之矣，此派固守向規，不僅不肯變遷，抑且不肯談論變遷問題，而上海租界工部局，在華人眼光中，又爲不公允，不平等之怪物，此種現狀之得以存在，實因有外國海軍，及義勇隊等，爲之後盾，上海之得以發達，並得渡過中國革命內亂時期，未受十分影響，仍有今日之繁盛，實得力於外之扶助及外艦之保護，固無疑義。惟近來華人愛國思想，增長極速，外人是否抹殺一切，仍如向日以武力保障其利益，殊為有趣問題，英國下議院，晚近曾有人質問，上海防守軍軍費，是否應由上海租界工部局自行負責，提出質問者，為魏錦新女士，（*Miss Wilkinson*）所抒意見，殊耐人尋味，不僅論及英政府與上海公共租界之關係，且表示上海租界工部局，既不欲承認英政府之威權，則英政府對該局之義務，亦可減輕。

干涉派之健將有二；一為英人巴藍德氏(*Mr. J.O.B. Bland*)，一為美人季爾柏氏，(*Mr Rodney Gilbert*) 二將奮勇爭先，宣傳干涉主義，不遺餘力，季氏曾著二書，以為宣傳工具，其最近出版之書中，曾有一段議論如下；

『若一經談及與中國謀親善，將租界交還問題，則界內地價，立即跌落，華人商業，立即他遷，而諸事停頓，交還租界與中國統治，足使行政失緒，財政混亂，工務荒廢，苛稅暴加，征勒百出，公款湮沒，上海至今仍得為商業之區，而有若干之穩固者，蓋因其為公共租界，非單獨國家得以乘一時和解之狂熱，任意將其交還國民政府，亦非單獨國家得以容許中國官場步入，施其刼掠手段，以博其本國人民之景仰，與華人一時之親善也。不平等條約，至今仍爲外人商業之護符，使不受中國混亂之影響，然其保障力，已甚幾微，蓋華人屢次蔑視侵犯，幾淪於取消，非以武力干涉，無由履行。現因條約力量式微，已有若干外人歇業他去，數世經營之建築，遂成泡影，一旦外人盡行退出，華人無所顧忌，必大肆野蠻，至於不可收拾，封建時代攘奪之禍，行將復見於今日，彼時外人之同情諒解，亦將消磨盡淨，另具較有質地類似干預之同情，代華人掃清亂灰，芟除壞跡，予華人以相當之保護，俾得重新建設也。』（見*Rodney Gilbert: The Unequal Treaties*第二百卅六及二百四十一頁）

此外季氏有一段狡猾之議論如下：

『以中國國史，及其外交史眼光觀之，吾人深信，華人一時得以沽名釣譽，命爲循規蹈矩之國者，蓋因有所警惕而然，非由衷也。吾人坐於誤信善意，同情，寬大等美名，遂一弛向日導引中國政府及人民之把握，不僅助長中國混亂情形，且使華人肆無忌憚，任意排外。蓋東方人與外人交際，以怨報德，是其慣技，吾人於此，應得一教訓，卽若欲於亞洲繼續通商，（亞洲商業，與英國目前，及美國將來幸福，皆有利害關係，）則遲早吾人必當一變其寬待華人之惻隱態度，此種態度，僅足爲懦怯之表示，華人非徒不承情，且報之以陵誚，非以武力或以武力作覘，恢復向日之導引手段，一如教習整頓腐敗之校風矣。』（見 *Rodney Gilbert: What's wrong with China* 第三百〇四頁）

密勒氏最近編著一書，其末章題爲「不來則去，」討論干涉問題，異常周到，藍姆森氏著之「中國疑問」一書，結論亦爲干涉問題，二氏皆極端反對外人干涉主張，謂爲不僅不能實行，且係眼光如豆，不合情理之舉動。

鼓吹干涉論調　鼓吹干涉者，謂外人干涉，能使中國得一鞏固負責之政府，斯言頗足動聽，又謂外人洞悉中國之需要，較之華人本身爲明了，此後廿五年中。以日人治華，當較華人自治爲佳，然而因此卽應將中國歸諸日人統治之下耶？藍姆森對於此節，曾有質問，謂外人干涉中國政治，是否如海關成例，僅以最有效最誠實方法處理各公共事業，爲華人代治，而無絲毫野心存乎其間，果爾，則此種情景，頗足惑人聽聞。（見 *Ransome: The Chinese Puzzle* 第一百七十八頁　此外更有不動聽之議論，謂外人在華之產業不少，欲求產業安全，與夫外商職業之順利，應保持向日外人在華之特殊地位，則外人干涉中國內政，可予若輩扶助不少。更有愚頑無知之外商，則以爲干涉舉動，可使若輩之商業及實業職位，不至爲華人攘奪，殊不知此種事件，皆非干涉所能成全。就經過事實而論，外人設立外兵保護之政府，無論如何，不能得本國人民之愛戴，一遇機緣，必羣起而驅逐之，華人從未誠心歸附外人，外人若必欲加以干涉，華人勢必挺而走險，向蘇俄或其他各處求取同情扶助，外人固可保持其現有利權，與現在佔有之地位耶？〔附註　吾作此言時，在中國之外國海陸軍力，約計七萬五千人，外人未曾干涉之時，已須如許兵力，如竟實行干涉，則此兵力，究當增至如何程度耶？(見*Millard: China, Where It Is To-day and why*第三百三十四頁)〕就海軍方面論之，中國已被吾人佔據矣，吾人之軍艦，可任意出入中國各口，(見*Ransome: The Chinese Puzzle*第一百七十九頁)吾人之得以保持現有之利權，及現在佔有之地位，實因中國之亂事日甚，而中國疆域廣大，交通惡劣，足令內亂延長，華人日在革命之中，無有已時，則吾人佔據，或亦將延長，行見外人在華貿易所得，完全用之於防守軍費，亦將不敷，是吾人將中國疑難問題，攬上已身，而此問題，遲早固終須華人自決也。(見*Ransome: The Chinese*

*Puzzle*第一百八十頁）

假和解派　上海外人輒謂，外人並無佔有中國之夢想。然就此等外人之政策觀之，固無論其有此夢想與否，不至克服中國不止。卽就中國外交史觀之，似亦趨向彼處而行，上海最足表現在華外人之心理，心地平允之人，皆不能不承認外人對上海之政策爲一侵奪華人利權之政策。（見 *Ransome: The Chinese Puzzle* 第一百七十七頁）中國與外人交涉事件，公正者中國固應讓步，卽不公正者，中國亦須讓步，蓋中國之讓步，不因其事之公正與否，實因國力衰薄，不能自定趨向耳。由是觀之，租界工部局之妄自尊大，僅能於外國政府允遣艦隊常川駐華期中行之明矣，一旦冰山溶倒，難免華人不起而恢復其已失利權，職是之故，識見超遠之外人，乃欲以政治手腕，解此危難，於是乃有工部局增設華董三人之創舉。增設華董之議決案，既未述明增董之原因，亦未計及增後之計劃，僅如半天霹靂，突如其來，令人難以捉摸，遂於不合情理之政府上，再增一層不合情理之建築。對於改革事宜，絲毫不能進行，蓋當時議決是案之納稅外人，本無改革之意，是以密勒氏之言，可謂鞭辟入裏，深中要竅也。密氏謂；吾殊不能贊同多數外人之態度，及外報之論調，卽謂增設華董三人，華人應當知足，若此寬惠之供獻，華人竟不承受，則後患如何，應由華人負責，須知納稅外人之作此供獻，並非出自寬洪之度量，所以然者，實逼處此，蓋非此不足以平華人之公忿，而杜患於燃眉也。現在普通外人之信仰，仍無稍異於十年之前、卽華人應無參加租界行政之權，或華人程度不足，不堪肩此重任而已。議案之通過，不外二種目的，或暫時蕩平華人之風潮，不使有罷工，抵貨，及其他文明排外舉動，或藉以示各外人本國政府，以上海租界當局，已竭其所能，謀與華人和解，如仍有困難發生，則外國政府，當必樂爲其後盾也。總之，租界工部局董事，改爲九外人三華人之舉，僅國際政治舞台上之一齣戲文而已，安有他哉。(見*Millard: China, Where It Is To-day and Why*第三百零二頁)

外人和解手段，而出之以此種心理，尚有何誠意之可言，則其結果，安能預必，須知解嫌釋怨，誠意爲先，有意和解之外人，幸毋以虛僞取巧，爲可奏奇功也。

眞和解派　此派爲解决難題之惟一人物，所具政策，爲排難解紛之惟一途徑，英外長張伯倫氏，及英人藍姆森氏是其健將，藍氏之言曰，

『吾人須設法，不使華人誤會，視吾人之禮物，如從仇人手中奪得之戰利品，吾人

宜為釜底抽薪計，一面消除華人排斥外人利益之根原，一面使華人注其全力於本國各種難題，而求解決。就中國情形而論，許多年中，雖仍不能使無治外法權之外人居之而安適，然須知今日之治外法權，已非外人之利，將來更無保持之可能。治外法權取消之後，在華外人，必經一種之甄別，彼時當可顯出英人為普通外人中最肯研究中國民情之外人，不僅能自善其身，更能促進中英之商務。』（見 *Ransome: The Chinese Puzzle* 第一百八十頁）

張伯倫氏之言曰：

『若中英對於兩方利益，能予正當之諒解，則知兩方並無深仇夙怨，英國並無侵奪中國土地野心，除和平守法國家普通權利之外，亦無其他希冀。英國方面，絕不介意於近日仇英表示，與夫已往事跡，而改變方針也。（見一九二五年九月十八號張氏在聯華會之演詞）華人願望脩改條約之處有三：第一，外人有治外法權，華官不能審問，第二，關稅限制，中國不能自定稅率，第三，外人在華租界，具有半獨立性質，諸端，英國皆願變更，蓋此種制度，已為過時之古董，不復適用於今日，亦不足英商以保障也。至於租界問題，英國願與當地中國當局磋商，作爲局部問題，斟酌各地特殊情形，而定辦法，或與臨近中國區域合併，而歸華人治理，或另以他法將政權交還中國，英人僅得保存對於各該處市政事業上有若干之發言權足矣，此固過於適中之舉，然亦爲正當敏慧之舉，吾人並未忘懷，該舉對於目前有若干不便及困難，然吾人所注意者，乃下世紀中英之交誼也。（見一九二七年一月廿九號張氏在伯明罕演詞與一九二七年二月三號英國之提議）

中華民國二十一年六月一日出版

上海租界問題（全一册）

實價大洋四角

編著者　夏晉麟

印行者　中國太平洋國際學會
上海法租界敏體尼蔭路一二三號

經售處　各大書局